不慌不忙，
人生慢慢来

在生活的低点，扛住；在人生的得意处，收着。

如此，无论把你扔到哪里去，你都会拥有过好任何一种生活的能力。

热爱美丽的女子，她的运气不会太差。

因为真正热爱美丽的人是在表达和展现自己对生活的向往。

懂得给人生做减法，才能更好地享受岁月带给我们的一切。

活得简单，总能信步闲庭，悠然自得。

幼稚的人谈喜欢，成熟的人谈责任。

一件事有所成，

一定是 10% 的喜欢加 90% 的责任。

人生处处是选择题，遵从内心就好了，

哪怕看上去不是目前的最佳选择，

但只要认真努力过好每一个当下，该来的总会来。

不慌不忙，
人生慢慢来

食物是既暖心又暖胃的东西，

食物跟爱一样温柔，

只有吃饱了，才能面对人生中的所有难题。

只有那些勇敢镇定的人才能熬过黑夜，迎来光明。

成年人的世界里，每一次劫后余生都是新生。

生活方式从来没有好坏之分，

适合自己的就是最好的。

不慌不忙，人生慢慢来

慈怀读书会 — 主编

CNS 湖南文艺出版社 HUNAN LITERATURE AND ART PUBLISHING HOUSE 博集天卷 CS-BOOKY

序：不慌不忙，温爱生活

亲爱的慈怀读书会的女性朋友们：

转眼已是春夏之交。

仿佛还是三年前，我刚满三十岁，刚从生活了十多年的城市北京，搬家到上海，刚到慈怀读书会入职。

那时，自己还未婚未育，带着少女的天真与高傲，以及对这个世界理想主义的崇拜，我曾想过去做很多美好的书，召集许多作者以慈怀读书会为码头，分享读书和写作心得，高会群贤，曲水流觞。

本以为这个简单的愿望会中断，未想到，坚持至今。比如，我所主持的女性成长读书会，固定时间在读者书店举行，每期会邀请一位作者，或由我自己，跟大家分享一本书或阅读的感受。比如，我邀请了许多作者朋友围绕一个主题写文，出版了许多合集。比如，我采访了众多作者、学者，遇见了各式有趣的人，写过各样精彩的人生。这让我更敬畏生活，敬畏文字，敬畏活着本身。

如此分享、记录、出版，因为坚持，而有了格外不同的意义。

这一次，我又把我特别喜欢的作者们聚到了一起，想要出版一本书。他们问我主题是什么，我说，写出自己最想要的生活方式，自己理想生活的模样。不要局限，不必设限，不慌不忙，人生可以慢慢来。也可以看看别人的世界，写下一种期待，哪怕是妄想。

可能是激发了其中的一些作者，我清楚地记得我的好朋友绒绒说："妄想，我喜欢。如果只是写梦想、理想的生活，可能会让人觉得那很乌托邦，可以不用实现。但我觉得我可以在写出来的过程中加深对自己的理解，以及对自己想要的生活的期待。写下来的瞬间，我才懂了内心的热望。"

我们慈怀读书会的读者大多比较成熟，女性朋友居多。三年前，我觉得自己很了解她们在想什么，甚至还可以在黑板前画出她们的人物画像。此刻，我也成为其中一员，拥有与她们同样的生活和困境，却不敢贸然地说自己理解任何人或人群。

经常有女性朋友跑来问我各种问题，婚恋类的困惑居多。我每次都是使出浑身解数来帮助她们，期待有个好的结果。这与从前未婚未育的自己，总能轻易侃侃而谈给出许多建议不同了。我深知，人类的悲欢并不相同，我只能以善意来温暖每个信任我且向我求助的人。

女性朋友们，人一定会随着经历、时间而变得沉甸甸的。但我并不排斥这种感觉，即使它有些厚重，即使背负的责任越来越大，但这，恰是活着的意义。如果我比从前更沉默，或我给出的建议比之前更温和，不是我中庸，而是我更愿意，所有的我们都可以再给自己一段时间、一个机会、一个视角，来重新看待困境。

我们可以为未曾得到的东西而沮丧，为已然逝去的事物而懊悔。但女性朋友们，你们即使在严酷的现实面前，也别认为“世事一无可取，也一无可为”。一个人，总该用自己仅有的能量，让世界变得美好一点。

汪曾祺曾有段时间，因生活之苦和委屈，对现实不满，又找不到出路，恰好又读了一些西方现代派的作品，于是，以玩世不恭的态度，写了一些有悲观色彩的文字，来冷嘲人生与经历。他的老师沈从文立刻写信给他：千万不要冷嘲。在任何逆境面前，不能丧失对生活的爱。对人和事物，要保持一种“温爱”——充满温情，以及同理心。

就像沈从文先生被下放到咸宁干校时，依然写信给黄永玉说：“这里的荷花真好。”八十岁时，沈从文先生每天还要工作十多个小时，写完了《中国古代服饰研究》这样的巨作。其实，他靠的就是内心不断燃起的一点微光，以及愿意在困顿的生活里顿悟的信念。

念于沈从文先生的这个故事所传达的温爱，这一次，我又把最喜欢的作家朋友们聚到一起，期待他们能用自己的理解，讲述他们所理解与期待的理想生活方式。

这二三十位作家，年龄不同，身份各异，但我一直欣赏他们的执着——沉浸在文字和思考的世界里的享受感。所以，他们笔下的理想生活，有李子柒回归自然的田园诗意，也有小镇青年拼搏在北上广不向命运屈服的逆流。选择本就无对错之分，但向往总带着感性的天真，让人沉迷。

我是多么期待有一天，自己能继续以不同的话题、主题，再次把不同的作家聚集起来，和女性朋友们一起畅聊人生，疗愈生命。

人的生命都是有能量的。物理学里有个奇点定理，也就是每个物体，在没有寻找到自己爆发的规律前，它是安静的，沉稳的，甚至会是低落的。而一旦找到自己的奇点，它就会爆发。人也是如此，一生都在寻找奇点，但奇点是什么？

我想，应该是认识自己，应该是被社会和年龄雕琢成美玉后，依然没有丢掉生命本来的野性血性，没有丧失与生俱来的纯真率性。

愿我们在阅读中找到自己，这是最好的方式。而我更期待能为你们找到更好的作者，记录下他们的思想、见识，与你们的认知碰撞、交融。

更愿我们都能成为不一样的烟火。

你的老朋友 韦娜

目录

Contents

第一章　过好任何一种生活

在生活的低点，扛住；在人生的得意处，收着。如此，无论把你扔到哪里去，你都会拥有过好任何一种生活的能力。

第二章　高级的人生都在努力做减法

生活原本很简单，你想要的越多，就越累。

第三章　成年人最该修的是格局

心里有远方的人，才能到达远方。
当你的格局大起来，你的世界就会辽阔起来。

第四章 不羁地年轻过，优雅地老去

真正的英雄，是知道生活的真相之后，依然热爱生活，
纯真，就是这份不变的热爱。

第五章 别让相爱败给相处

我一直在寻找一种感觉，那种在寒冷日子里，
牵起一双温暖的手，踏实向前走的感觉。

第六章　逆风而行，去远方

艰难的时候仰望星空，

看到的不止眼前的璀璨，还有另一方天地。

C O N T E N T S

第一章

过好任何一种生活

在生活的低点，扛住；
在人生的得意处，收着。
如此，无论把你扔到哪里去，
你都会拥有过好任何一种生活的能力。

人生的步调由自己决定

作者：瑜蔚

最近，单位新进了一批实习生，个个是名校学霸，单看简历就光芒耀眼。我们部门来的这个姑娘眉眼弯弯，聪明乖巧，干活儿麻利，见谁都是笑嘻嘻的。果然，没两天，部门里所有的人都认识了她，并且对她的印象很不错。

可是不知道为什么，我总觉得她不快乐。

一天中午，我看她又在休息区发呆，眼睛红红的，好像刚哭过的样子。

于是，我走上前，拍拍她的肩膀，跟她聊了起来。原来，她曾是高考复读生，复读了两年，才考入了理想的大学；考研时，选择了三年的学术硕士；如今，作为应届生，又来到了令人艳羡的央企总部，看着是一路顺风顺水。

可是，她从小就想出国念书，读到博士，回国当老师。

她整个研究生阶段一直在为此做准备，语言考试、论文发表都在有条不紊地推进。

但命运似乎格外青睐她：她唯一投的一份求职简历就是我们单位，然后，她过五关斩六将，最后被录取了。

她在工作和出国继续深造间摇摆不定，征求父母的意见，父母语重心长地说："你都27了，该结婚生孩子了，放着铁饭碗不拿，还出什么国？等你读完博士回来，还不一定能进这个单位呢。"

这些话听着很有道理。

"老师，我知道咱们这个单位很难进，但同时我又真的很想出国继续读书，所以，我到底应该怎么办呢？"

看着她有些无助的样子，我突然想到了曾经的自己。

01

和这个姑娘一样，我从小也有一个出国读书梦，倒不是说想钻研学术，而是觉得应该出去看一看。

我的专业是新闻学，看着特别专业，其实就是万金油，而且很难与国际相通。

所以，从入校第一天开始，我就在朝"格外优秀"努力：每天早起背单词，刷学分绩点，找实习，就为了争取那为数不多的国外文科类奖学金名额。周围所有人都觉得“问题应该不大”，我自己也信了。

然而，因为金融危机，国外大学奖学金大幅缩水，首当其冲的便是文科大类。

那会儿，我一共申请了五所院校，每所院校都录取了我，但毫无意外，都没给奖学金，一分也没有。

以我当时的家庭经济状况，尽管父母没有明说，但我能看出来，他们没有办法承担女儿自费出国的费用。眼看留学梦就要破碎了，说不难过是假的，特别是当我看到有的同学已经找到工作了，而我自己还毫无着落，就越发焦虑。

这种焦虑让我茶不思，饭不想，只要听到“出国”俩字，我就会哭。这样的状态大约持续了两个星期，父母很自责，老师和同学都替我担心。

有一天，我一个人在学校操场上散步，阳光洒在我脸上，很温暖，那是北京初春的味道。

那一刹那，我突然想通了：人生又不是只有一条路可以走，尽管那条路是你的首选，但走不通就是走不通，换个跑道就好了啊！

心理学家马斯洛曾说过：心态若改变，态度跟着改变；态度若改变，习惯跟着改变；习惯若改变，性格跟着改变；性格若改变，人生就跟着改变。

物随心转，境由心造。深以为然。

02

调整完心态后，我收起了自怨自艾，加入了求职大军。很幸运，因为一直没有放弃实习，而且赶上了第二轮校园招聘，我的求职之路不算太坎坷。

经过一轮笔试和三轮面试，我顺利被某沿海地区省级主流媒体录取。虽然这份工作没办法跟中央级媒体媲美，但胜在离家近，工作不太累，福利待遇也不错。

十几年前，传统媒体还处于高速发展期，特别是到县里出差，工作人员一口一个“老师”叫着，让初出校门的我有点飘飘然。

很快，和各条线混熟之后，我便像周围大部分同事一样，开始找新闻线索，等通知，拿通稿，和同行串选题。分工协作，工作游刃有余。

每天下班之后，刷剧、约饭，和当时的男朋友（现在的老公）约会逛街，日子过得很滋润。不知不觉，三年过去了，我从一个有新闻理想的新闻系学生变成了一个职场老油条。

有一天，我大学班主任来我所在的城市出差，我俩约了吃饭。其间，我能感觉到她数次欲言又止。

在临别的地铁站里，她说：“我很喜欢大学时候的你，每天朝着梦想奋斗。”老师短短的一句话突然敲醒了我：梦想？很久没有人跟我谈过梦想了！当天晚上回去，我就坐在写字台前，梳理这三年里自己究竟做了些什么。

结果，我无法确定，这么多时间，我究竟用来干了些什么，没有职业规划，没有代表作，甚至没有积累出一些属于自己的核心资源。

不对啊，我不应该是这样啊！

周鸿祎曾经说过，你混日子，就是日子混你，最后的输家只能是你自己。

从那以后，我开始正视自己的业务，每天找选题，积累素材，认真琢磨主编改的稿子，对比其他媒体对同一事件的解读，紧跟行业新政，忙得不亦乐乎。

大家觉得我莫名其妙，因为那时候，每篇稿子无论写得怎样，薪酬都是一样的。

只有我自己知道，我之所以要好好工作，不为别的，就为自己。

03

就这样忙忙碌碌又过了四年，我逐渐成长为了业务骨干，大小新闻奖也拿了不少。彼时，新媒体已经慢慢起来了，周围也有一些优秀的同事陆续跳槽，危机感悄然袭来。

我明白，传统媒体已是夕阳产业，尽管饿不死，但发展空间和前景着实有限，是时候跳出去了。

如何改变呢？当我思考这个问题时，出现在我脑海里的第一个念头居然是出国留学。

我自己也被自己吓到了。那时候，我已经怀孕，生活很安定，这个想法怎么看都不合时宜。

但人就是这样，一旦心中梦想的火苗被燃起，就很难再熄灭了，更何况这是我从小的梦想，说什么我也不能再放弃了。

庆幸的是，我把自己的想法告诉了老公和父母，他们都出乎意料地支持我。

于是，“奔三”的我，怀孕的我，重新拾起了英语，开始备考：每天早上六点起床，限时做四篇阅读，分析并改错；上班通勤途中，疯狂练听力，一段独白来回听，直到能脱口而出为止；下班回来写英语作文，两天一篇，写了整整三大本；琐碎时间就自己对着镜子练口语，把自己说的录下来回听，再纠正……其间，我还完成了各项产检，在怀孕八个月时，我顺利拿到了心仪的英语分数，并寄送了奖学金申请材料。

然后，我就生孩子去了。

生完孩子第二天，我接到通知，说我过了奖学金初选，定于一个月后去领事馆进行复试。于是，我整个月子是在看孩子和复习备考当中度过的。

婴儿睡眠不好，我没有太多时间看书，只能把书放在枕边，宝宝一睡，我就挣扎起来看几题。就这样拼拼凑凑，我竟然也准备了近三十个复试话题。

出月子的第一天，我就去面试了。整个过程轻松愉快。

面试结束后与人闲聊，当他们知道我整个备考过程的时候，都特别惊讶，连连称赞。那时我就知道，晚了七年的奖学金该来了。念念不忘，必有回响。

果不其然，面试后第二天，我就接到了奖学金通知，全奖，还包括家属探亲的费用。

04

接到奖学金通知后，我迅速办理了辞职。

单位同事觉得我疯了，大龄带娃出国，离开“铁饭碗”，回来究竟能怎么样呢？很奇怪，面对这些质疑，我丝毫没有动摇过，因为我知道，“稳定”会越来越稀缺，只有提高自身实力，才能给自己足够的安全感。

就这样，我在孩子九个月大的时候，带着他和我妈妈，登上了留学的飞机。带孩子读书是一件很辛苦的事情，特别考验时间管理能力。有课的时候，白天我去上课，我妈在家看孩子；回家途中，我买菜和各种日用品；到家了，我接手孩子，顺带收拾房间，我妈做饭。

一般把孩子哄睡后，我再开始复习预习一天的功课，开始按照老师给的阅读书目一篇一篇地读。

一年多时间里，我基本没有在前半夜睡过觉。

没课的时候，我就带着孩子在伦敦城里转悠，让我妈充分休息，也让孩子见见世面。

就这样，在家人的大力协助下，我顺利读完了硕士，并拿到了distinction（荣誉毕业）的好成绩。同时，我还在英国找到了一份实习，虽然钱不多，但好歹有了海外工作经验。

回国后，凭借此前的积累，我很顺利地入职了目前的公司，工作内容足够有挑战，我足够喜欢，当然，薪水也令我满意。但如果你问，这是不是我向往的生活，我只能说，目前是，至于未来是不是，我没有办法给出答案。

因为对我而言，时代瞬息万变，谁也不知道下一秒将会发生什么，当然无从知道未来的生活是什么样的。

唯一能做的就是自己掌握生活步调，坚定地走下去。

说回开头那个姑娘。

其实，无论她是出国，还是留在目前的单位，都没有所谓好和坏。关键是，她自己想要什么，以及今后将用怎样的态度去生活。

人生处处是选择题，但其实答案只有自己清楚。

所以，遵从内心就好了，哪怕看上去不是目前的最佳选择，但只要认真努力过好每一个当下，该来的总会来。

虽然辛苦，但我还是要过滚烫的人生啊

作者：蓑依

3月，我辞掉了在商学院做内容负责人的工作，开始了自己的创业。身边的好友知道这个消息后，感叹一句：何苦呢？

是啊，何苦呢？在商学院工作，每天面对的是企业创始人，不乏一些知名企业家，我不但可以从他们身上学到很多做事做人的经验，而且收入不菲，名利双收。但是到了一定的阶段，就会懂得：名利这种东西是最低层次的心理满足，总有些人想往更高处攀爬。

我非常喜欢北野武的一句话，他说，虽然辛苦，但还是要过滚烫的人生啊！每当我做选择的时候，便会想起这句话。能否让我过上更加滚烫的人生是我做选择时唯一的标准。

我经常说人生可以分为三种：第一种是温水的人生，就是人群中

的“大多数”，所谓的“温水煮青蛙”不外乎此；第二种是沸水的人生，朝着一个目标奋力去拼，感受过酣畅淋漓，感受过义无反顾，但是有一个峰值，就好像烧开的水一样，到了100摄氏度，就停止了；第三种是滚烫的人生，持续沸腾，持续冒泡，水花四溢，每一个想要靠近的人都会感受到高温的灼热感，它的每一次沸腾都是一次峰值，就在一次次的峰值挑战中过完了自己的一生。我不要过温水的一生，也不要过沸水的一生，我想要过滚烫的生活。

研究生毕业时，我出版了第三本书，那本书一上市，就成了畅销书，以至出版社还印制了精装版本的。那个时候，公众号等新媒体正在兴起，我本可以凭着写了数十篇十万加的文章去做公众号，然后以接广告为生。但是有一天，当我这样做的时候，我就问了自己一个问题：我这一辈子就想每天写写写吗？我才26岁啊！我的人生愿望里面只有成为作家这一条吗？然后我拿了一支笔，在纸上写下了我所有的愿望，排在第二位的是我想做与电视相关的行业。

我最想做的其实是主持人。我在很小的时候就非常喜欢看综艺节目，对综艺节目的主持人，我如数家珍。那个时候，家里没有电视，于是我就跑到别人家里去过年，只为了蹭着看春晚；后来，家里有了电脑，高中暑假的时间我基本上全部给了主持人们，一遍遍地搜索王小丫、鲁豫、杨澜、董卿的名字，把她们的节目从百度搜索的第一页翻看到最后一页；高三最撑不下去的时候，我把她们的照片打印出来，夹在课本里面，坚持不下去的时候，就看一眼……这种“狂热”伴随着高考成绩的公布就结束了，我被调剂到了中文系，于是我就按照中文系的标准来要求自己，把自己培养成了一名“作家”，只是当“作家”这个目标实现的时候，我突然意识到我还有一个梦想，那就是做主持人。

26岁的我已经很清楚，做主持人几乎是不可能的了。但我还是想要在这种“不可能”之间寻找那点“可能”，于是在研究生毕业典礼结束之后，我跑到央视一套《开讲啦》的节目组去应聘，当主持人不可能，做幕后工作应该还是有机会的。我凭借着初生牛犊不怕虎的生猛，愣是说服了制片人，让我这个“小白”从编导开始做起，虽然工资除了能交个房租，就不剩什么了。但是没关系，只要给我一个机会就可以。

像所有俗套的励志故事一样，除了付出百分之百的努力之外，没有其他方法，就是一点点地去学，没有白天和黑夜之分，没有工作日和周末之分，没有快乐和痛苦之分。现在回想起来，都是哭的画面。有时候是一个片子剪了四五个版本，凌晨2点回家的路上接到领导的通知说：这几个版本都不行，然后眼泪唰地就流了下来；有时候是已经连续五六天没睡觉了，刚想补几个小时的觉，公司群里发来通知：明天有一个要我做的采访，需要赶紧准备采访资料，然后我放下手机就号啕大哭；有时候是在录制现场，在成百上千个小细节里面稍微疏忽了一个小细节，被同事指出来，觉得特别委屈，一边继续工作，一边流眼泪。可也是，哭着哭着，你就成长了。半年过去之后，遇到事情，我不再哭了，因为我什么都会了，于是我选择离开，换到了另外一个节目组从头开始。然后用一年多的时间，做了三季节目之后，一跃成为主编。

成为主编的生活就如同温水煮成了沸水，然后呢？你是想要沸水沸腾一下就结束呢，还是想要它变成滚烫的水呢？我明白，如果我在主编的位置上熬几年，我就可以成为总导演，或者我再换几档节目，继续流水线般地生产内容也可以，因为我已经懂得了一些电视的底层逻辑，靠着这一套方法，多加练习，其实是可以看到自己的顶峰的。但是就在我纠结的时候，上天给了我一个答案。

某一天，去参加一个朋友婚礼的时候，我遇到了前面提到的商学院的创始人。那时的我对商业一无所知，虽然工作了几年，也见了很多人，但是总觉得不接地气，和真实的世界隔着一层纱。他很欢迎我去他那里工作，我说，可以啊！于是，我不假思索、不知所以地就去了一个新的领域。

后来，我想自己在做这个选择时为什么不那么纠结，可能就是因为我内心一直在追求的沸腾感，我在商业领域是小白，如果能通过自己的努力，变成一位大神级的人物，想想都令人激动。于是我从项目经理开始做起，一年的时间，变成了内容负责人。

这次离开，自己创业，依然是因为沸腾感。我在商学院里学到了很多自以为很有用的东西，我想放在自己身上试试，看看是否行得通。如果说，在商学院的工作再次给了我一种沸水感，那么我想在创业这件事上，让它沸腾。这次选择辞职的时候，我只问了自己一个问题：如果给你更高的职位、更高的薪水，你愿意留下来吗？我的回答斩钉截铁：不愿意！那就毫不犹豫地离开，对公司以及创始人的亏欠，以后慢慢弥补就可以了。

创业走到现在，我也不确定这次是否能够沸腾起来，每天的生活是在冷静和焦灼的博弈中度过的，完全不知道新的一天会发生什么，也不知道一个月之后会走到哪里，更不知道一年之后我在做什么。我像一个掉进冰川深处的人，凭借着自己极强的意志力，希望可以到达冰川之上的光芒所在。

这就是我，一个30岁女生的生活方式。没有绵柔的情感，没有佛系的下午茶，有的只是对自我的苛求，以及对沸腾感的渴求，每天在挑战中确认自己的存在。生活方式从来没有好坏之分，适合自己的就是最好的。

不管怎样，还是希望你也拥有属于自己的沸腾人生，虽然辛苦，但真的会让你有巨大的满足感和快乐。

过好任何一种生活

作者：初小轨

01

一次新书发布会结束后，我被一个姑娘拦在图书馆的走廊里。

姑娘面如白纸，眼窝深陷，局促地站在我面前，她看上去像是不太知道怎么向我表达她的诉求。

一番语无伦次的描述后，我听明白了她想要做什么。

姑娘希望我能带她去大理，她想给我当助理，而且她一再强调不要工资，就是因为待在我身边她能过得充实开心一点。

“你现在过得很不开心吗？”我没有着急表态。

姑娘点点头：“谈恋爱遇到一个渣男，分手了，他还发邮件给公司领导污蔑我，爱情没有了，工作也不开心，所以不想在这个城市待下去了。”

“那你换一个城市也不一定会变得开心，这一点你要有思想准备。”

“我看过很多本你的书，感觉跟你这样的人走得近一点，我的状态肯定就会完全不一样了。”

我并不觉得一个陌生的读者突然提出要来跟我一起工作这件事本身有些唐突。

我只是觉得，姑娘处理不开心这件事情的方法出现了问题。

我劝姑娘不要在心情的最低谷选择逃避，待她心态平稳一段时间后，如果还这样想，再给我留言。

我遇到过很多像这个姑娘一样的学弟学妹，一遇到不顺利的事情，就想通过离开一段时间来解决不开心。

于是，他们去旅行，去迅速开始一段新恋情，一番疯狂、折腾后，回到原来的生活轨迹，发现伤口还在，问题还在，甚至因为长时间的忽视，这些悬而未决的小伤口慢慢恶化成了无法下手的大脓包。

换一个城市生活、换一个人去爱根本不可能解决你当下的困惑。

你只有学会了生活，学会了爱与拒绝，能够在肮脏复杂的社会关系中学会新的处世方法与生活方式，你的心情才不会因为环境的改变、人的去留而失控。

渣男向你公司发邮件胡说八道污蔑了你，你要找机会向大家澄清真相，不要怕越抹越黑，也不要怕影响不好，只有工作顺畅了，心情才能顺畅，否则整天心里揣着一个委屈的疙瘩跟人交流，就算别人没有多想，你自己也会多想。

你不太喜欢一个城市的氛围，便不必强迫自己去喜欢这个城市，但你一定要让自己拥有在这个城市平稳生活的能力。

你不能因为去银行窗口办事遭了一次白眼，就判了整个城市死刑；也不能因为前任渣男来自某地，就觉得他老家所在的那个省的人都不是好人。

只有当你拥有了在不喜欢的城市也能平稳生活的能力，才会在换一个城市与另外一群人相遇的时候与他们势均力敌。

02

最近，一个做瑜伽教练的朋友陷入了职业危机。

她辍学比较早，但身材属于一直狂吃不胖型，人长得也比较白净，于是她很早就经人介绍，进入了瑜伽教练这一行。本来她往瑜伽馆一站，就是整个馆的招牌，但是现在合伙人一再地劝她回家“调养”一下。

她当然知道，对方说的“调养”二字到底是什么意思，她163厘米的身高，体重已经从45公斤长到了65公斤。

很多人理解她身材走形的原因。她刚离了婚，争夺孩子抚养权失败。她母亲很传统，把离婚看成一件很丢人的事，拼命找人给她介绍下一任，可她见了五六个，对方不是精明得吓人，就是初次见面就在饭桌上吃得满嘴油腻。她不明白，当初自己这么一个抢手的姑娘，怎么会因为结过一次婚，生过一个孩子，在媒人眼中就变得如此不堪，只配去跟这样一群不堪的人相亲。

她的心情沮丧到了极点。那段时间，她动不动就找人去吃消夜，一言不合，就找人深夜买醉。

一开始，还有人陪她，身边的朋友知道她这段日子过得不顺当，所以会抽出时间来陪她、开导她，可半年过去了，她的悲伤阵仗一点没有弱下去的意思，打电话给好友们出来散心，一圈下来，一个人也没叫出来。

于是她不再出门，饿了就在家吃外卖，就这样，一个曾经能做到反手摸肚脐的火辣女孩变成了一个满脸横肉的“死肥宅”。

处境越糟糕，她越不敢出门，时间久了，她活得越来越像阴沟里的蟑螂。

肮脏、见不得光，想死又不那么容易。

后来有一天，她窝在床上，用手机给我写了长长的信，敲到手指发酸。

她说她不明白，自己没有做错什么，却要成为承担后果的那一个；她不明白，每次去迪厅蹦迪、去人多的地方喝酒唱歌，还是不能够让自己变得开心；她不明白，那些一开始对自己关怀备至的好朋友，到最后，为何也变得如此冷漠。

因为跟她很熟悉，实在不知道用什么话来安慰她，于是就突然想起来在一本书里看到过的叔本华的一句话，然后便原封不动地发给了她：

获取幸福的错误方法莫过于追求花天酒地的生活，原因就在于我们企图把悲惨的人生变成接连不断的快感、欢乐和享受。这样，幻灭感就会接踵而至；与这种生活必然伴随而至的还有人与人的相互撒谎和哄骗。

我们换一个城市、换一个环境、换一个人，不过是在通过快感来驱逐伤口，但如果你没有直面伤口，没有用有效的方式处理好伤口，那个伤口要么在你看不到的地方继续腐烂，要么变成一道丑陋的疤痕。

没有人能一直过得顺水顺风、称心如意，我们每个人会在不同的阶段遇到让我们丧到极点的人和事，经历一段捉襟见肘的时光。

只有要求自己在出租房里学会井然有序地画画、插花、看书、写字，你才能在住进独栋别墅的时候不会慌到四处寻找花天酒地的生活去填充空虚。

之所以很多人感觉自己的人生走进了死胡同，就是因为他们没熬过叔本华口中的幻灭感。

好朋友可以陪你哭一会儿，但她没有条件用一两年的时间分分秒秒陪着你从阴霾中走出去；声色犬马可以让你惊呼人间的另一番气象，但它没有本事让你在人群退尽的时候，依然不怕孤单。

在生活的低点，扛住；在人生的得意处，收着。

如此，无论把你扔到哪里去，你都会拥有过好任何一种生活的能力。

03

我曾看过一部叫作《一个叫欧维的男人决定去死》的电影。

一个名叫欧维的老头儿在工作岗位上奉献了43年，最后却遭到了上司的解雇，他的妻子半年前死于癌症，他失去了最后一个在这个混乱不堪的世界中挣扎的指望。于是欧维决定去死。

妻子去世之前，欧维曾活得像一道生命之光。

在火车上遇到穿红色复古高跟鞋的索尼娅，她成了欧维的妻子；听到妻子怀孕的消息，欧维兴高采烈地跑回去亲自做了一个婴儿床；一场车祸夺走了妻子肚子里的宝宝，也夺走了她的双腿，于是欧维就为她连夜打造了一个残障人士的辅道……欧维为了自己爱的人，可以拼尽全力去解决生活里的不如意，可最后，癌症还是带走了他的妻子。

妻子去世后的每一天，欧维都在想方设法去死。

可每次在绳子套上欧维脖子的那一瞬间，都会发生各种各样让他死不成的意外，他的脾气越来越古怪。

然而，这个“地狱来的恶邻”把自己当初亲手做的婴儿床送给了隔壁刚出生的小家伙，而这个小家伙柔柔软软地被他捧在怀里的时候，他突然不再想着如何结束生命了。在某个清晨，欧维沉沉地睡去，死神终于“眷顾”了他，在生命的最后，他似乎又看到了那双让自己牵挂了一辈子的红色高跟鞋。

世界玄妙如此。

耿耿于怀的时候，任何一种生活方式都是人间地狱；

释然前行的时候，任何一种生活方式都令人安然。

04

前段时间，我被一个做媒体的朋友委托去采访一位来大理种树创业的人。

走进田间地埂，迎面过来的竟然是位满头白发的老人，我犹豫了好一会儿，才跟他确认了采访对象的名字，他哈哈大笑，说：“就是我呀。”

可他已经是70多岁的人了啊，大老远跑到大理这种山清水秀的地方，不是来养老，而是来创业？

老爷子年轻的时候是个参加过国际大赛的赛车手，自己组车队，自己拉赞助，每一步都走得特别不容易。

但他特别明白自己热爱赛车手这个职业，所以他才不管什么是亲戚口中的“正经工作”，他才不管自己有没有雄厚资本加持。完全靠自己，一点点地进入国际赛事，这个过程只有他自己知道有多难。

他只管为自己的热爱去步履不停地克服困难，去心态平稳地生活。

如今，老爷子70多岁，身价已然不菲，财务自由，余生什么也不做，每天游山玩水买买买也绰绰有余。

但他又笃定了自己喜欢园林种植，所以，好朋友把他“骗”到大理来看苍山洱海、蓝天白云，他看着确实不错，于是颠儿颠儿来这儿买了房子。但他还是闲不住，包了一大片地，开始种自己研发的一种观赏性的杨树，他还会跟我分享自己的产业口号。

这便是过好任何一种生活的姿态。

生活方式上的富足往往不在于你出门住丽思卡尔顿，而是无论你身处何处，无论你身处哪个年龄段，都可以笃定热爱，全力以赴。

专注自己想要的生活，让克服与精进变成生活的常态，让自己在不想要的生活里活得游刃有余，让自己在想要的生活里活得风生水起。

如此，你才能把那些讨厌的东西永远留在不想要的昨天里。

认真生活，把身边的每一件小事做到极致

作者：不雨亦潇潇

关于如何面对理想与现实间的矛盾，知乎上曾有过一个尖锐的问题：为什么很多挤地铁的女生背着香奈儿包包？问题中说，那些几万块钱的包完全是给平时坐豪车的女孩背的，不符合上班族的身份，她们为什么要这样做？

下面的评论众说纷纭，但值得欣喜的是，更多人开始学会收起偏见，接受差异：车限号，地铁快，或者简单地认为，背喜欢的包比买车更幸福。一个未成年的小姑娘更是说：从小，爸妈就跟她讲，多少钱买到的包只是用来方便自己的，脏了就洗，坏了就扔，别让它成为你的一道枷锁。

众人的答案也代表着他们向往的生活，每个人的终点各不相同，但能从生活中感受到快乐的人必定有着自己的优秀特质，一路欢歌

前进。

其实，向往的生活不在明天，而在当下，做好自己，每一天便都是成功。

1.热爱美丽，让精致成为一种习惯

形象是人的第一张名片，得体优雅的女人往往更能赢得大家的尊重。而一个女人对美丽的理解体现在她对生活的追求之中。乐于投资自己，才更有精力去创造生活。女人对美丽的热爱并不单纯指对物质的追求，更多时候，热爱美丽更是对梦想的坚持，是一种面对困难的姿态。

可可·香奈儿是时尚界的大人物，然而她并无贵族血统，甚至出身低微。

香奈儿出世时，她的父母还没正式结婚，她落得一个私生女的身份。香奈儿6岁时，其母亲去世，而此时，她的父亲却在外面逍遥快活，还狠心地把香奈儿遗弃在她的姨妈家。

童年的生活枯燥无比，但心怀希望的香奈儿经常眺望窗外，从未忘记对美丽的追求。

上学的时候，香奈儿坚持练习缝纫，收集边角料缝制袖子和领口，由于技艺出众，加之她的美貌和独特令她大受欢迎。

后来，香奈儿遇到了自己的情人，但因为两人地位悬殊，她在情人家里的地位像一个女仆，意识到贵族生活对自己的束缚，香奈儿毅然选择了离开。

生活不曾善待香奈儿，但她却一直坚定地热爱美丽。

香奈儿从老佛爷百货店购入女帽，然后精心设计，适当加以点缀，别具一格的审美令香奈儿脱颖而出，很多女客欣赏她对美丽的态度，特意去她的店里一睹她的风华。

香奈儿将时尚带入了新的纪元，她的小黑裙征服了全世界，独创的五号香水被一抢而空，香奈儿鼓励大家说："时尚在天空中，时尚在大街上，时尚与观点、与我们的生活方式、与每天发生的事息息相关。"

因为对美丽的热爱，香奈儿战胜了生活的苦难，创造了时尚界的传奇，她本人也成了审美的代表，风格永存。

热爱美丽的女子，她的运气不会太差。因为真正热爱美丽的人是在表达和展现自己对生活的向往。

做个热爱美丽之人，让精致成为一种习惯，收获一个更加积极的自己。

2.知书达理，女人的性感源于才情

三毛曾经说过："读书多了，容貌自然改变。"

时间可能会带走你的花容月貌，而读书却能让你的气质历久弥香。

一个人的气质里藏着他读过的书、走过的路、爱过的人。一个真正性感的女子绝不是只懂得搔首弄姿之人，有才情的美人才能不为岁月所败。

1929年，一位“狂才”考入了清华大学，他国文特优，英文满分，他甚至放言：“整个清华没有一个教授够资格当钱某人的导师。”他就是钱锺书。

然而这位清华三大才子之首却在第一次见到杨绛时，锋芒全无，他急切地对杨绛说：“他们说我订婚了，那不是事实。”杨绛也笑着回应：“他们说我有男朋友，那也是戏言。”

眼光很高的钱锺书之所以能对杨绛一见倾心，说到底，是因为杨绛的气质才情。

他们从初见便有了爱慕欣赏。

杨绛出身书香门第，酷爱读书，甚至成名比钱锺书早，早年，大家称钱锺书为“杨绛的丈夫”。婚后，两个人互相比赛，看谁读的书多，一起讨论读书心得，话多得说不完。

钱锺书写《围城》的时候，杨绛陪伴其左右。杨绛知书达理，常常能看透钱锺书的书中深意，说到兴起处，两人会心一笑。钱锺书更是被这位红颜知己深深打动，常常对旁人夸赞妻子的聪敏。容颜易老，气质却长存，杨绛先生热爱读书，她靠自己的一番才情成了钱锺书的一生挚爱，晚年，钱锺书还称她为“最贤的妻，最才的女”。

女人的气质是她的品位和修养的直接体现，而读书就是气质的“雕花刀”，时间越久，读书越多，越有气质。

而你所读过的每一本书都会在潜移默化之中，赋予你优雅和风度，照亮你前行的道路。

3.认真生活，全世界会为你喝彩

生活很苦，却从不亏待认真的人。你越认真，人生越容易开挂。

所谓认真生活，就是每天保持积极乐观，学会把身边的每一件小事做到极致。

我们只是平凡的普通人，努力起来，才会闪闪发光，而你认真生活的样子也会让世界忍不住为你喝彩。

著名作家饶雪漫说，第一次见到陈意涵的时候，觉得她是个洋娃娃。

大眼睛，元气少女的样子，陈意涵保持了几十年，观众差点忘了，她已经快到40岁了，这一切得益于她的认真生活。

陈意涵的童年是在村庄度过的，没人照看她的时候，她就爬树、捞鱼。她很小的时候就开始打工，尽管生活如此辛苦，但陈意涵却从不抱怨敷衍，她还说觉得开心，喜欢忙碌。

在综艺《幸福三重奏》中，我们更是被这个已婚少女深深打动：早起第一件事是迎着阳光做瑜伽；在家里发现一部电话，就跟老公玩互相打贷款电话的游戏；跟老公骑着自行车去拜访邻居，陈意涵更是化身为“十万个为什么”，一路观察植物。

兴趣广泛，保持童真，陈意涵身上仿佛永远洒着一片阳光，她很会找到生活的乐趣，对什么事都兴致勃勃，积极认真。

身为丈夫的许富翔更是对陈意涵大加赞赏："我一直觉得，我们两个相处，真的，有时候，不太像夫妻，会更像结了婚的朋友，她就是老大，我就是小弟，我就跟着她跑。"

陈意涵练瑜伽的时候，老公就在一旁拍照；她学习的时候，老公也会在一旁保持安静。这个认真的小太阳时时刻刻吸引着大家的关注，让我们忍不住为她喝彩。

是女人，就要有女人的温柔，认真生活的女人往往更富有情趣，能把平常的生活过出趣味，把快乐传递给大家。

学着去认真生活，积极面对，你会发现，整个世界都想跟上你的脚步，陪你去探索未知的快乐。

林清玄曾在自己的散文中说："清淡的欢愉不是来自别处，正是来自对平静、疏淡、简朴生活的一种热爱。"

高品质生活不是靠金钱堆砌的，而是一种懂得生活真味的境界。

向往的生活应该是无所欲求，但有所讲究，精致、细致、积极进步。

学着去体会生活的真正意义吧，找到内心深处认真乐观的自己，向往的生活又何须苦追，换种心态，你会发现它一直都在。

当我实现了人生的第一个愿望后

作者：桃晴笙

01

30岁的元旦，我蓄谋了一件大事，那就是要购入我人生中第一只奢侈品大牌包。

那年，我刚转型做博主，不时有些高端线下活动要出席。这种活动尤其看重氛围，不少邀请函上甚至会提前说明着装规定，也总在这样的场合，姑娘们之间的较量暗潮涌动。特别讲究的博主会一身大牌闪亮登场，再不济的也是人手一只大牌包。

唯独我像是一个误闯蟠桃会的小丫头，拎了只帆布包就去了，衣服也是随便套的。觥筹交错间，虽然大家明面上照常寒暄交际，但确实自惭形秽。

因此我下定决心，一定要去买一只大牌包！最好是logo大大的那种，包壮尻人胆。

买什么包？我锁定了三个好认又保值的牌子——爱马仕、香奈儿、LV。

前两个动辄数万起的价格让我望而却步，所以LV成了最好的选择，两万左右就能买到最新款，经典款更是所有奢侈品小白的入门必修课。

说买就买，跨年那天，我直奔澳门，冲进LV商店，既兴奋，又忐忑地在店里巡游。

在此之前，我已经做好了充足的功课。不仅了解了LV近几年的设计理念、各国同款差价、明星背过的同款，甚至提前了解了二手市场价格。

但进店后，我还是有点蒙，更有点尻。

看到比较顺眼的包，我不好意思让柜姐帮我拿来试背，生怕被人翻白眼，刺激我脆弱的自尊心。

还有一点就是，我发现自己对摆在那里的包包并没有发自内心的急切拥有。

买包变成了完成任务，刷卡付钱则是心头剧痛，虽然我小有积蓄，但总觉得两万多可以被花在更有意义的地方。

但不得不承认，刷卡的那一瞬间，真的非常爽，特别开心，发自肺腑的自豪油然而生。

因为买包的钱是我自己赚的，刷卡的决定是我对自己的认同与肯定，虽然背帆布包也很开心，但两万多的大牌包我也值得拥有。

这是我买完包的心情。

02

如今，距离我买包已经过去一年多了，那只最新款的LV只背了两次，就被我束之高阁。

一是包太大，买时过分强调实用了，没想到大包用的机会不多，拎着还沉，全然不如帆布包拎着顺手。

二是在那以后，我的小事业做得稳中带增，我的脸成了最好的招牌，不需要靠名牌壮胆，已然浑身是胆。

但那只包确实成为我人生中非常值得纪念的节点，“买”的意义胜过包本身。

当时我付完款，等候柜姐打包。家人一旁陪同，特别自豪地说：“这只包是她自己赚的哦。”柜姐则回答：“确实啊，女孩子的包包就要自己花钱买，装自己的高跟鞋，装自己的故事。”这句话非常触动我，一直到今天，它还在鼓舞着我。

曾经，网络上鼓吹过好长一段时间消费主义，甚至教唆姑娘们，就算自己买不起，也可以跟男朋友要，甚至搞出了一堆教程，但那时，我就写过一篇《喜欢的口红我可以自己买》。

女生可以接受另一半的礼物，但更要有自己想要什么都能自给自足的底气。

现在太多人迷失在消费主义里，为了一只包、一双鞋、一部手机，甚至仅仅是一夜的五星级酒店，就出卖自己，光想着不劳而获赚快钱，以至于误入歧途。

但为人一世，无论何时最大的底气，永远不是靠依仗别人来获得的。

只有紧紧被自己攥在手中的资源、脑袋里丰富的学识、成长过程中积累的阅历才是能够陪伴自己一生并为自己所用的东西。

03

也是在买完那只包后，我觉得自己人生中的一些屏障消失了。

曾经的我也过分地迷恋权威，迷恋浮华，却忽略了人最重要的本质。但买完包后，我终于意识到，这些东西其实就是个包装。

就像吃雪糕一样，包装纸再漂亮，也不能吃掉，重要的还是里头雪糕的味道。

但过分强调内在而忽略外表也是不可取的。

我会觉得，一个女生就像一个店，需要一些很昂贵很美好的东西来为她的外表进行装饰和点缀。就像我们路过商店时会为美丽的橱窗驻留一样，橱窗决定了我们愿不愿意走进店铺去了解里面的东西。

商店实质的内容则决定了我会不会购买以及二次消费。

如果一个店没有漂亮的橱窗，但我偶然进去后，发现里面的东西还不错，我可能会再次前去；如果一个店只是徒有其表，那我可能去一次，饱饱眼福，以后便不会再去了。

那只大牌包对我来说可能就是一个美好的橱窗，它给了我一个展示给别人的窗口。但要让别人真正地喜欢我、尊重我，还得靠丰富自身、丰富内心，增长经验和阅历，并转化为自身实力，这是我买包后的一点想法。

04

等我再看到那些女生拥有漂亮的手袋、好看的衣服时，我会跟自己说，我的家里也有一只LV包包，它在防尘袋里睡觉，只是我生活中偶尔的奖赏，而不是我生活全部的追求。

而女生买包包也不该让它的意义喧宾夺主。是人穿衣服，而不是衣服穿人。它只是起到一个美好的点缀作用，是为了让你自己一天的心情变得愉快。

现在的话，偶尔我还是会去中古店淘一些二手的包包，同时了解不同年代、不同品牌的设计师的设计理念。像现在不少大牌开始将自己之前的经典款重新拿出来复刻，所谓的经典并不随着时间的推移而过气，相反，岁月凸显了它的精髓与魅力，时间的沉淀则成了最好的证明。

时光荏苒，经典永流传。这句话形容在人身上同样适用。

时尚也好，人也好，都会在岁月中不断沉淀，可能在当时的节点来看，并不是非常出奇出彩。但随着时间的不断推移，也许人们会在岁月中读懂她超前的美丽。**所以如果现在的你觉得自己选择努力的方向没有错的话，那就坚定不移地走下去吧，时光会给你答案。**

这也是我在买下那只包后一年的一点感悟，如果对你有小小的启发，就再好不过了。

人生下半场：豁达、独处、知足、放下

作者：菀彼青青

岁月匆忙，时光易老，诗人余光中亦写过："掉头一去是风吹黑发，回首再来已雪满白头。"

很多时候，我们对日子还未曾细细品味，便已人到中年，千帆阅尽。中年人往往会对年龄有着几丝爱恨交织的错觉。在年迈的父母面前，仿佛自己仍是那个稚嫩娇憨的娃娃；可在孩子眼里，我们却早已成为那个身披盔甲、无所不能的平民英雄。

世间五味，酸甜苦辣咸，中年人一一尝过，渐渐地也懂得了，所谓苦楚与欢喜，皆是生活的表象。

不乱于心，不困于情，不畏将来，不念过往。

人生下半场，我们最好的活法便是在每一个平凡的日子里，守住自己原本澄净朴素的真心。

1.心态豁达

作家汪曾祺在《人间草木》里写道：“世间万物皆有情，难得最是心从容。”

逢艰难而不慌乱，处困境而心豁达是一个人最好的精神境界。

2020年庚子鼠年春，一场疫情突然袭来。在这样的群体厄运里，人性的光芒却处处闪耀在我们这片受难的土地上。

在武汉的方舱医院里，即便身染新冠肺炎，心态豁达的大妈们仍然跳起了欢快的广场舞。于她们而言，虽然身体有恙，但一个人的好心态却丢不得。

对生活的热情从容令她们暂时忘掉了自己的病痛，忘掉了未知的明天，忘掉了自己身处隔离区。

既然生活给了自己迎头一棒，那么自己又何苦为难自己？与其哀怨，不如跳舞，至少，这样的豁达欢快能给身边有相同遭遇的伙伴们带来希望与安慰。

无独有偶，大妈们心态豁达，大叔们也坦然从容。

在湖北宜昌，两名身患新冠肺炎的大叔病愈出院，在出院的那一刻，一位大叔欢快地唱起了歌，而另外一位大叔将一朵郁金香亲手送给护士，以表达他的感激之情。

一个人真正的富有便是内心的豁达与从容。

诗人陆游的诗跨越几百年，依然激荡人心："昨夕风掀屋，今朝雨坏墙。虽知炊米尽，不废野歌长。"

屋漏墙倒、炊米皆空、身染疾病、前路未明，但只要还有一丝气息，从容豁达且乐观的人们便会在那辽阔的田野里自由自在地起舞高歌。

这是中年人历经时光之后收获的人生箴言，也是后半生保持身心自在的最佳方式。

2.享受独处

关于孤独，作家林语堂曾给出一个非常有趣的答案。

他说："孤独这两个字拆开来看，有孩童，有瓜果，有小犬，有蝴蝶，足以撑起一个盛夏傍晚间的巷子口，人情味十足。"

对大多数人而言，孤独是最好的冷静，而独处是最自在的放松。

在热播剧《安家》里，孙俪饰演的房似锦将一个多年未曾卖出的跑道房卖给了海清饰演的妇产科医生宫蓓蓓。

当宫蓓蓓初见这套有缺陷的房子时，内心是犹豫的。但当她迈上那个可以看到星空的阁楼，听到房似锦对她说，"当您累了、烦了，被生活磨得千疮百孔的时候，这里就是您独处的空间"时，她动心了。

看山看水独坐，听风听雨高眠，对宫蓓蓓而言，独处是世间最宝贵的自由自在。

宫蓓蓓披星戴月，经风沐雨，早已忘记了诗和远方。而这样一个独处的空间可以帮她找回曾经失去的所有天真梦想。

人只有在独处时，才能抵达“逍遥于天地之间而心意自得”的至高境界。

刘若英与丈夫结婚后依旧各自保留着独处的空间，汪涵在旧房子里单独设置了可以安静发呆的小茶室，陈道明在闲暇时最喜欢独自坐在窗前弹钢琴。

独处是一种美德，也是唯一一个能对话生命与灵魂的方式。

享受独处、享受孤独、享受人间清欢是人生下半场最应该学会的生存之道。

3.知足常乐

被称为“半个圣人”的曾国藩曾经说过：“知足天地宽，贪得宇宙隘。”知足意味着不艳羡、不嫉妒、不怨憎，意味着天地由心而宽，日月由心而明。

而对于世间大多数人而言，知足是经历岁月沉淀之后的生活智慧。

在娱乐圈里，被称为“人生赢家”的黄磊便是一个对生活拥有着佛系心态的人。

他年少成名，曾经是70后文艺女青年心中风度翩翩的白马王子，而如今，他虽人到中年，身材发了福，却又因其令人惊艳的智慧收获了更多的尊重与赞誉。

在综艺节目《向往的生活》里，黄磊曾和嘉宾谈到“人要知足常乐”。在媒体采访他时，他也多次讲过，如今的生活可以读书，可以做自己喜欢的事，身旁还有妻女陪伴，很知足。

在黄磊的微博里，人们可以看到一个知足常乐、珍惜时光的中年男人。

他大方地与妻子秀恩爱，认真准备着一日三餐，与孩子一起做着充满童趣的游戏。家人闲坐，灯火可亲，他们一家人的日子温情舒缓、朴素欢欣，满满的是人间烟火气。

家财万贯，日食不过三餐；广厦千间，夜眠仅需六尺。有时候，好日子与物质无关，而与心态有关。

于黄磊而言，儿女双全、心宽体胖、夫妻恩爱、好友常在，人生便已经足矣。而所谓人生赢家，也不过是知足常乐、懂得珍惜眼前的幸福。

《菜根谭》中有言：“知足者仙境，不知足者凡境。”

懂得知足的人，即便身在泥淖（nào），也自在如神仙；而不知足的人，任凭鲜花着锦，烈火烹油，也过得无滋无味。

人生过半，知足者，方能得自在，享安乐。

4.学会放下

凡人之所以常常自寻烦恼，只因放不下人世八苦。这生、老、病、死、爱别离、怨憎会、求不得、五阴炽盛，每一桩苦楚都可以令人生出纠缠的执念，而选择断然放下才是人生后半场最聪明的处世哲学。

在2020年的疫情之下，无数中国人深深地记住了一个人的名字——钟南山。

这位曾经在2003年非典抗疫战中力挽狂澜的老人，这次又义无反顾地冲在了疫情最前线。他劝人们远离疫区，而84岁高龄的他却选择了逆行而上。

就是这样一位令人尊重的国民英雄，却过着极为简朴清淡的生活。

至今他仍住在普通的公寓里，房子是几十年前的装修风格，陈年旧家具掉了漆仍然在用。当民族危难来临之际，即便他只买到了高铁无座票，也要奋不顾身地冲向疫情第一线。

于钟老而言，他早已放下是非名利，对医学的追求和对国家的忠诚才是他一生的理想。

在疫情面前迎难而上，是放下了生死；婉拒记者媒体的采访，是放下了名利；崇尚简约节制的生活，是放下了物欲。

其实放下才是一个人真正的拥有。也正是因为钟老的品质高洁与一往无前，才有了网友对他的至高赞誉："我有国士，举世无双。"

凡人斤斤计较，高人心无挂碍，恩怨、物质和欲望，拥有得越多，牵绊得便越多。

布袋和尚曾有《布袋偈》："行也布袋，坐也布袋。放下布袋，何等自在。"

其实我们何尝不是背着一个沉重的布袋在世间行走，每行一步，便想着如何填满这个袋子，可是走得越久，肩上越沉重，到最后，我们恍然发现，其实在人生路上，我们早已举步维艰。

何不选择放下？只因一念放下，万般自在。唯有放下那个布袋，我们才能找回曾经最朴素最诚挚的自我。

松花酿酒，春水煎茶。心无挂碍的时光才是人生里最珍贵的日子。

人到中年，万般皆悟。

豁达地面对浓淡相宜的时光，独处于长短皆逝的流年，在远近相安的人心里懂得知足，在往来皆客的浮生里学着放下。

岁月凭风转，身安心亦安，这便是人生过半，我们最好的活法。

不求活得完美，但求活得快乐

作者：川上

01

很多人说，自己过得不快乐。其实归根到底，还是因为想要的太多，但能力太小；不完美的事情太多，但能改变的太少。

前两天，一个和我关系很好的前同事约我见面，我本以为她是来找我叙旧的，却没想到是向我“求救”的。从认识她开始，我就知道她是一个很要强的人，凡事要做到最好。

去年，她终于升职，跨过了管理层的一个大坎，朋友圈里纷纷恭喜她成了“人生赢家”，而她却不得不面对另一个问题：我有钱了，可依然不快乐。

她说，去年自己几乎每天不是在忙着赚钱，就是在赚钱的路上，一路打怪升级，和缺点较劲，现在日子过得好了，但生活依然过得拧巴而焦虑。

我说，不必强迫自己，不必事事周全，这样就可以轻松一些。而她却说，我还不够好。

这种“我不够好”在生活中比比皆是，觉得自己不美、太胖、事业不成功、总是加班、房子有点小……

小时候我们学过一句话，叫“有志者事竟成”，老师、父母会告诉我们，只要你足够努力，便没有得不到的东西，没有实现不了的梦想。但成年人的现实却是，有些事，无论你怎么努力，就是改变不了，就是做不到。

《奇葩说》主力辩手陈铭曾说过这样一段话：“在这个世界上，如果你把眼光聚集到糟糕的一面，糟糕就成了全部，你也会随之阴暗下去。但哪怕只有1%的事是光明的，你盯着那1%，你就会开朗起来。”

生活不易，人人如此。当你遇到了问题，不再去想为什么不能，你的生命才会越来越自由，越来越有力量。所以，很多时候，我们必须要接受不完美，和生活握手，与自己言和。

02

婚姻里也是如此。

戴建业教授曾发过这样一条动态：对爱情和婚姻万万不可“胸怀大志”，“志向”越大，痛苦必然越深，要求越多，收获越少。

这条动态下面有很多留言，其中点赞最多的一条也说，婚姻中，如果你想改变对方，我劝你打消这个念头，因为根本不可能，除非他/她自己想改。

我的一个读者曾和我聊过这样一件事情。她是一个文艺女青年，年轻时爱读爱情小说，看惯了小说里圆满的结局，在28岁的时候，她就抱着美好的愿望，走进了婚姻。

这个读者觉得“虽然他身上有我不满意的地方，但我有信心把他改造成我喜欢的样子”。这个读者的丈夫特别喜欢交朋友，加上他是家中的独子，亲戚也少，所以总想着多参加饭局聚会，多认识些人。

而她却觉得参加饭局聚会，喝酒熬夜伤身体，而且这样的酒肉朋友交了也没意思。

一个月里因为这件事，两人就大吵小吵不下几十次。

相爱总是简单，而相处太难。相爱是发现对方优点的过程，而相处是发现对方缺点的过程。

总看对方的小毛病不顺眼，总觉得自己特别对，所以总想着要

“改造”对方。但爱一个人，不仅仅是爱他的优点，还要包容他的这些不完美。

一段婚姻中，愚蠢的人把对方当敌人，总想着消灭缺点；而聪明的人把对方当战友，分享快乐，共担风雨。有一句话说，在这个世界上，即使是最幸福的婚姻，一生中也会有200次离婚的念头，50次想要掐死对方的想法。

你对对方要求越多，得到的痛苦和失望也就越多。

世界上没有十全十美的人，幸福的婚姻不过是因为两人接纳了对方的不完美，而那些心想事成的生活也不过是因为接纳了生活的不完美。

03

不光是婚姻，人生中不如意的事情太多了，我们要学会抗争，但更要学会和解。

你可能听说过廖智。在汶川地震中，她是他们那栋楼唯一的幸存者，但作为一个舞者，她在地震中失去了双腿；作为一个母亲，她失去了自己的女儿。在意外发生前，廖智的婚姻就已经摇摇欲坠，在地震后，她果断和这段婚姻做了了断，和过去的自己做了诀别。

廖智说："你们可以看着我，然后这样想：这人多惨，双腿没了，女儿没了，老公也不要她了……"廖智消沉过一阵子。整天吃东西，然后胖了14斤。但是慢慢地，她缓了过来。

在几个月后，廖智重新登上舞台，向观众展示全新的自己。然后她参加了节目，登上了更大的舞台。她从不用"残疾人"去定义自己，她化妆、跳舞、干活、穿高跟鞋，以前怎么样，现在还是怎么样。那场突如其来的灾难把廖智的生活生生砍成两截，但是她没有怨天尤人，如今的她依然乐观而坚强。

有的时候，生活就是这样，想明白了，就一切都明了了。

2013年，廖智认识了她现在的丈夫查尔斯。一个乐观向上的人，不论什么时候都会有一种强大的吸引力。很快，他们结了婚，生了孩子，组成了一个平凡而幸福的家庭。

廖智说："这个人生不完美，但我足够感恩。"这种人生态度特别打动我，其实生活是需要一点释然的智慧的。有的人在生活中遇到一点小摩擦、小挫折，就觉得自己的天要塌了；而有的人经历了生离死别，照样还能活得漂亮而精彩。

后悔怨恨是一辈子，经历了最暗的夜仍怀有对阳光的期待也是一辈子。关键就在于我们怎么选。

正如马家辉在《圆桌派》里说的：生命无非就是苦来了，我把它安顿好了。

04

我们每个人在生活里总会遇到这样一些不完美，它就像一根刺，虽然微不足道，却需要花费很多时间和精力去和它撕扯。

你苦恼的工作压力，你心烦的亲密关系，你抵触的原生家庭，你感受的同辈压力……

可生活中的很多事情不是我们能控制的。当我们耗费精力去和它们缠斗时，我们就像进入了一个泥潭，越挣扎，越无力逃脱。

所以，我们真的没有必要和这些负能量死磕。谁的生活里没有一地鸡毛呢?

真正让我们痛苦的不是那些不如意的事情，而是我们面对它们的态度。

一件事情不论多么严重，当我们接受了它，这件事情对我们的影响就不会太大；一件事情不论多么微小，只要你一直跟它过不去，这件事就会一直让你痛苦不堪。无力改变，又不能接受，这就是我们生活痛苦的根源。

所以，当一件不如意的事情出现在我们的生命中，如果我们无力改变，那么不妨张开双臂迎接它来到我们的生命中。毕竟人的一生没有什么是不可以接受的。

当我们放弃了没有必要的缠斗，把自己的时间和精力放在那些能让自己成长、让自己幸福的事情上，生活中的快乐就能翻很多倍。

当我们放不下的时候，不妨问问自己：这件事对我真的有那么重要吗？

然后，你就会发现，时间如白驹过隙，到最后，那些我们曾经在意的事情会变得云淡风轻。

学会接纳生活中的不完美，快乐就会在不远处等着你。

第二章

高级的人生都在努力做减法

生活原本很简单，
你想要的越多，
就越累。

优秀的人都过着朴素的生活

作者：李思圆

01

科学家居里夫人堪称一位传奇人物。她和其丈夫在1903年获得了诺贝尔物理学奖，她个人又在1911年，获得诺贝尔化学奖。她的大女儿和大女婿在1935年也获得了诺贝尔化学奖。

如此非凡卓越的她却过着极其朴素的生活。

第一，社交极简。

居里夫人曾在文章里写道："近五十年来，我致力于科学的研究，而研究是对真理的探讨。我有许多美好快乐的记忆。少女时期，我在巴黎大学，孤独地过着求学的岁月。在那整个时期中，我丈夫和我专心致志地，像在梦幻之中一般，艰辛地坐在简陋的书房里研究，后来，我们就在那儿发现了镭。我在生活中，永远是追求安静的工作和简单的家庭生活的。为了实现这个理想，我竭力保持宁静的环境，以免受人事的干扰和盛名之累。”

平日里，居里夫妇就待在实验室里做实验，很少与朋友交谈，即便偶尔与少数几个科学家交谈，居里夫人也会为了节约时间，一边与他们聊天，一边为女儿缝补衣服。

甚至为了更好地投入研究中，他们家里总是缺沙发，少椅子，这样既拒绝了旁人的来访，也可以减少打扫卫生的时间。

第二，物质极简。

居里夫人发现了镭，却并没有申请专利，也没有向使用这项科研成果的人索要任何物质上的补偿。她主动放弃了一大笔发明的所得，而是靠着夫妻两人微薄的收入度日。

甚至他们的大女儿出生的那一天，她曾记账写道：“香槟酒，3法郎。拍电报，1法郎10生丁。医生和护士，71法郎50生丁。”

那个月，他们一家一共花了430法郎40生丁，其实这已经是非常少的金额了，但居里夫人却觉得已经超支，还特地在月开支下面画了两条强调线。

你有没有发现，越是优秀的人，在事业上取得的成就越多，在生活上就过得越朴素简单。

因为他们几乎将自己的全部身心、时间和精力投到了自己所热爱的事业上。同时，他们不断创造更多价值，这些并非为了外在的名和利，而是真心想要为这个社会，为国家，乃至为整个世界做出一些贡献。

02

美国作家梭罗于1845年，在距离康科德约三公里的瓦尔登湖畔隐居了两年两个月零两天，自耕自食，并以此为题材，写成了一部世界名著《瓦尔登湖》。在他看来，更多时候，财产是负担，他说："我看到许多年轻的同乡继承了农场、房屋、谷仓、牲畜和各种农具，这对他们来说是很不幸的，因为这些东西得来容易，要摆脱却很难。"他们忙于"应付各种自找的烦恼和多余的劳役，乃至没有余力去采摘那些更美好的人生果实"。

于梭罗而言，花更多的时间去充盈自己的精神生活，比无止境地挣钱，从而过富裕的生活更重要。

梭罗曾列举了生活必需品，不过是"几件工具，比如说一把刀、一把斧子、一根铲子和一辆独轮车，那就足够了，爱读书的人还需要油灯、文具和几本书，这些算是准必需品吧，花很少的钱就能买到"。

在穿衣方面，梭罗认为，衣服样式是否新奇、别人会怎么看待都不重要，“我们外面的那层通常轻薄而美丽的服装是我们的表皮或者说假皮，跟我们的生命没有关系”。

在饮食方面，梭罗基本坚持素食，不吃肉，不吸烟，不喝酒。

当然，也曾有农夫告诉他，不能只吃素食，因为蔬菜不能为人提供骨骼生长所需的营养。但梭罗认为，这个农夫所驯养的牛仅靠草食，也丝毫不影响它干笨重活。

在居住方面，他反对把一生的大把时间用来挣钱买房。因为在他看来，把一生中最好的光阴花在买房子上实在是得不偿失。

梭罗说：“拥有房子之后，农夫也许不是变得更富裕了，而是变得更贫穷了，实际上是房子拥有了他。”

当然，像梭罗这样做个纯粹的自然主义者，于大多数普通人而言很难做到。但他想要表达的观点并不是说，你非要素食，不要去穿好看的衣服，也不要挣钱买房。

而是告诉你，不必为了珍馐海味，而忘了食物是为了充饥。

不必为了去取悦别人，而忘了服装是为了保暖。

不必为了洋房别墅，而忘了房子是为了让我们拥有一个落脚的地方而已。

许多时刻，我们就因为越来越膨胀的欲望，而忽略了人真正需要的东西并不多。一旦你过分地去追逐，不仅容易迷失方向，也会让自己活得痛苦不堪。甚至很多人因为过多地追求外在的舒适、安逸和奢华，而放弃了自我精神的成长，用名利将自己的心灵捆绑。

就如哲学家叔本华曾说，**一个人对外在的物质要求越低，他对内在的要求就越高。在某一种层次上，智慧的人比普通人过得更节俭。**

因为奢靡的生活，于他们而言，并没有太大意义，更不可能阻碍他们专心致志地投身于自己的事业中。

03

杨绛先生是中国著名的作家、翻译家和外国文学研究家。她和其丈夫钱锺书先生曾经是文坛的一对伉俪，也留下了诸多的佳话。

但著作等身的她，在生活中，依旧是一个极其低调、朴实且深居简出的人。

钱锺书在世时，和妻子杨绛、女儿钱媛，三人在家里，一人占据一处，然后各自静坐、看书、写作。他们极少社交，也不愿别人上门来访。身边熟识他们的朋友，如非必要，也不忍心去打扰他们专心于学问，甚至害怕耽误他们读书的时间。

曾在中国科学院工作的潘兆平先生与杨绛和钱锺书是至交，他们几乎是无话不谈的朋友。

当记者向他了解钱先生去世之后，杨先生的生活是如何过的时，他说道："杨先生的晚年还是以伏案工作为主，但她很注重养生和锻炼。她在家里的空地来回走路，每天坚持走几千步。

“其实她家里很狭窄，我建议她下楼走走，接接地气。后来，杨先生说她听我的话，去楼下散步，走几步路就碰到一个老邻居，再走几步又能碰到老友，每个人要聊上半天。她说，这哪是散步啊，这是下楼开新闻发布会啊！

“杨先生睡眠不好，早上起得很晚，我去找她时都是尽量晚点去。有时她叫我一起吃饭，桌上的菜琳琅满目，二三两重的清蒸鱼段、一碗有肉片的炒菜、一个蒸蛋羹，还有一些开胃的凉菜，但是这些菜的分量非常小。”

杨绛先生可以说是一位真正活到老学到老的大家，即便在痛失丈夫和女儿后，她一个人孤苦伶仃地活着，也依旧不愿见任何记者，不愿做任何采访，而是一个人在家里，笔耕不辍，读书写作，几乎没有一天停止过。甚至在92岁高龄时，她坚持每日回忆和记录他们家庭63年来的点点滴滴，最终写成了著名的散文集《我们仨》。

杨绛先生既没有活在过去的成就中，也不被虚名浮利所诱惑，因为她深知，世界是自己的，与他人无关。

所以她从年轻至老，一直保持着一颗不变的初心，过着素淡的生活，追求精神上的丰富，同时她清楚地知道，自己应该过怎样的一生。

04

其实一个人的朴素并非体现在外在的清心寡欲上，更重要的是，他的内心保持豁达、开阔和清明。当然，还有许多人误以为，有了朴素的生活，就一定代表这个人有了高尚的精神。

其实一个真正优秀的人反而是因为其内心首先有了更高的追求、理想和抱负，才会由内而外地变得纯粹、简单和素朴。

朴素可以让你节约更多的时间、心力和余力，去专心致志地投入一件事中。

朴素可以让你领悟到生命的终极意义并不在于挥霍和享受，而在于创造。

朴素更可以让你明白，人的一生并不在于去争取功名利禄，而是尽可能地去实现自我的价值。

许多时刻，我们之所以做不到朴素，不是因为我们不适应看似单调、乏味甚至孤苦的简朴生活，而是我们内心有太多浮躁，太多欲念，太多拿不起和放不下。

越是优秀的人，其生活越朴素。

高级的人生在努力做减法

作者：央阳

1.去掉不需要的东西

很多家庭有这样的现实困境。

淘汰的电视手机、用旧的锅碗瓢盆、过时的衣服鞋子、商场打折的各类赠品，总想到这些东西还有用处，舍不得处理，结果家里的东西越来越多，橱柜满满的，衣柜门也关不上，储物间的空间越来越小，屋里到处是东西。

这些东西中，有些一年半载没动过，有些你甚至已忘记了它们的存在，它们只是静静地待在橱柜、衣柜、储物间里，占据着有限的空间，耗费着我们寻找东西的时间，使家里显得特别杂乱。

它们真的有用吗？或许你想以后可能会需要它们。但是，你似乎从来没有使用过。如果你把这些东西处理掉，你会发现，原来屋子还可以如此宽敞，处理家务还可以如此快捷。

生活中，我们不需要的东西太多了：衣服买了一件又一件，结果你还是喜欢仅有的三五件；手机买了两部、手机卡有三张，其实每天你用得最多的只有一个号码；去商场，你一次买一大包食物回来，结果有些放到过了保质期而不得不扔掉。

生活中到底有多少东西是真正必要的呢？你之所以把家里弄得太乱，只是因为你想保留的东西太多了。你买了那么多东西做备用，结果百分之九十九的是不需要的。

生活原本很简单，你想要的越多，就越累。而去掉了这些东西，你就会过得更加简单自如。

2.断掉不需要的关系

很多人已经达到了时刻离不开手机微信、QQ等社交工具的地步，他们觉得只有通过这样那样的交往交流，才能与朋友保持着密切关系。

但是，央视知名主持人白岩松却是没有微信的，更不用说通过这样的渠道与人加深关系。白岩松说："要是上了微信，别人问，老白你有微信吗？我就得说有。那人家说加一个呗，我能说不加？我要加了，得在多少个朋友圈里待着？"

白岩松参与创办央视《东方时空》，主持过多个知名节目和国家重大活动的直播，他的主持风格理性、犀利又不失幽默，特别受欢迎。

他把大量的时间用在看书、听音乐、观察甚至发呆上，这能够让他产生新的想法，让自己的思想更有价值，赢得更多人的关注和思考。他从现实生活中做起，从大量的无效社交中摆脱出来，节省了大量的学习、思考时间，终于活成了他自己。

同是知识丰富、受人尊敬的节目主持人，汪涵的微信圈里一旦超过100人，他便会把一些没有意义的全删掉，就连和他搭档了10年的同事和知名影视明星也被删掉了。汪涵说："再好的朋友也应该有距离，太热闹的友谊往往就会是空洞而且是无物的。"

聪明的人不会把时间浪费在无效社交上，真正有质量的人际关系不是靠拼命社交而建立起来的。三两知心好友胜过无数泛泛之交。减少那些无效的社交，你会有更多时间用来读书学习，用来提升自己的能力，也才能更多地得到人们的尊重和信任。

3.去除不需要的欲望

我曾看过一个退休老人的故事。晚年时，这位老人想将自己的财产留给儿女，但儿女们却说老人应该自由支配这些财产。

老人考虑到儿女工作忙，还要照顾孙子，而他的生活不能再完全自理，不愿意给儿女添麻烦，于是他决定去养老院。老人在养老院里挑选了一间独立的小房子，家里那么多东西，只能挑选极其有限的东西搬过去。珍藏的全套红木家具、一大堆邮票、百十来把紫砂壶、几十瓶好酒和一些宝贵的小件物品……这些东西，他都没有搬。他只拣了几件爱穿的衣服、一套炊具、几本书、一把喝茶的紫砂壶等有限的东西。然后，他去了养老院。

这位老人感叹地说：他珍藏的那些所谓的财富“都是多余的，它们并不属于我，我只不过是看一看、玩一玩、用一用，它们实际上只属于这个世界，轮番降临的生命都只是看客”。

是啊，人生睡一张床，住一间房，吃三餐饭，足矣。来到世间，我们本是为着快乐而来的，但是一旦沉湎于财富，沉湎于胃口越来越大的欲望，我们便再也不会满足，再也不会快乐。“无欲则刚”，当你不再被纵欲望所操控时，你便能自由地生活。

4.看淡不需要的名利

当代杂交水稻之父袁隆平培育出的“南优2号”“超级稻”，将每公顷产量从3吨提高到最高18吨，惠及全球40多个国家和地区。他得过的中国乃至世界顶级奖项难以计数。他也确实很有钱，早在十年前，他的名字及企业公司股份的市场估值就超千亿元，他得到的奖金也不少。

但袁隆平却并没有拿这些名利当回事。他更愿意称自己是农民。他的钱只是名义上的估值，而不是真的“有钱”；他的奖金都放到基金会里去了；他买的衣服都不贵，甚至15元的衬衫也很喜欢；他的手表260元，鞋子120元；他换了几部车，都是10万元以下的车；他16年坚持光顾长沙的一家小理发店。

袁隆平说，要说一点名利思想也没有是不可能的，但要淡泊名利，对物质别要求太高，1000多元的衣服和五六十元的衣服没什么区别。

佛说，世人为名利所累，不如放下，立地成佛，苦海无边，回头是岸。是啊，名利让我们迷失了眼睛，增加了无数的烦恼。本是为着快乐而来，却为名利而失去了快乐。只有淡泊名利的人才能体会到活着的真滋味。

5.善于做减法，人生会更爽

《道德经》中有云："得与亡孰病？是故甚爱必大费，多藏必厚亡。"意思是，得到名利和丧失生命，哪一个更有害呢？过分的珍惜会造成更大的浪费，千方百计的珍藏会造成惨重的损失。

人生就像在做减法，过一天，少一天。过得好不好、舒服不舒服，全在内心感受。**所谓"大道至简"，人生最精彩、最迷人之处便是学会删繁就简，朴素生活：不是所有的东西你都需要，要学会扔掉；不是所有的关系你都要维护，要学会断掉；不是所有的念想都要实现，要学会除掉；不是所有的名利你都要得到，要学会看淡。**简单、自然、淡泊才是世间最美的存在。"世路无穷，劳生有限。"唯有追求简单，才可以舒服坦然。

不断做减法，放下劳神的东西，给心灵洗个澡，这时，你会发现，原来简单才是人生最快乐、最幸福、最难得的。

真正的强大，是从独来独往开始的

作者：耕农

提起独来独往，很多人第一印象就是“不合群”。庄子说：“独往独来，是谓独有。独有之人，是谓至贵。”

所以，独来独往也好，不合群也罢，其实从另一方面来看，都是强者的行为方式。观察身边的人你会发现，越是弱小的人，越喜欢和别人凑在一起。反而是那些内心和实力真正强大的人，总喜欢独来独往。

1.强大的人，早已放弃无效社交

你被邀请到一个聚会上，跟一群陌生的人嘘寒问暖，全程笑脸相迎，互相说着客套话，敬酒、扫微信、留电话号码，但是三天之后就记不清对方是谁……把这种低质量的社交称为“无效社交”，再合适不过了。

那些总把精力消耗在“无效社交”上的人，不是为了填补内心的寂寞，就是为了掩饰自身的无能。

他们看似朋友遍天下，微信好友加了好几千，心里苦闷时却找不到一个人倾诉；他们看似人脉广泛，认识各种牛人大咖，需要帮助时却没人肯伸出援手。

周国平老师的一段话一针见血：“热衷于社交的人往往自诩朋友众多，其实他们心里明白，社交场上的主宰绝对不是友谊，而是时尚、利益或无聊。真正的友谊是不喧嚣的。”

强大的人懂得这个道理，所以早就放弃了“无效社交”。

华为创始人任正非就曾透露，他个人与任何政府官员没有任何私交关系；除了与柳传志和王石有过两次交往外，与其他中国任何企业家没有往来；也没有与任何媒体、任何记者有交往。

很多人总害怕“不合群”，以为“朋友多了路好走”，于是为了合群而合群，马不停蹄地去赶赴一场又一场热闹与繁华。而强大的人明白：世界是自己的，与他人毫无关系。与其花费时间与精力在酒桌上觥筹交错，去结交一些无关痛痒的“朋友”，还不如学会好好与自己相处。

这个世界很公平，你的能力有多强，人脉就会有多广。与其沉迷于垃圾社交，幻想别人拉自己一把，不如学会靠自己的力量站起来。

鲁迅先生说：“猛兽是单独的，牛羊则结队。”

放弃那些无用的社交，提升自己，你的世界才能更大。

2.独来独往，是活出真我

独来独往，不是桀骜不驯，更不是狂妄自大，而是在人来人往的生活中，能始终保持一份清醒，听取内心的声音，遵从内心的选择。

宋元之交，世道纷乱。

这天，炎热干燥，许衡外出，口渴难耐。正好路边有一棵梨树，路过的行人便纷纷去摘梨，只有许衡不为所动。

有人便问："何不摘梨以解渴？"

许衡回答："不是自己的梨，岂能乱摘？"

那人笑道："现在是乱世，管它是谁的梨。"

许衡正色道："梨无主，吾心独无主乎？"

独来独往是一种姿态，是一些人行走于纷繁世间的姿态。不急不缓，享受一季花开的明媚，守候一季飘雪的纯澈；不被浮名蒙蔽双眼，不让虚伪遮住心灵。独来独往更是一种勇气，不随波逐流，不会人云亦云，在纷扰的现实生活中，保持着自己的心性，用孤独和寂寞面对现实，他们只是更清楚地知道，自己想要的是什么。

独来独往的人，谦恭，温雅，与世无争，但他们有傲骨，有锋芒，自己始终清楚自己的方向，一直前进。

对我们普通人来说，不必刻意合群，当然也不必专门为了显得自己不凡，而特意不合群。

正确的做法是，能合群则合，不能合群则散，既不能随波逐流，也不要自命不凡。独来独往，只是人生的一种表现形式，跟性格没有关系。

与其合群一起庸俗，不如独处选择孤独。

3.刻意合群，不如独处

其实，被群体排斥、孤立，只是一种弱者才有的生存忧虑，弱者无法面对被群体排斥带来的风险。在远古的狩猎采集时代，我们的祖先面临着严酷的生存考验，大自然中毒蛇猛兽横行，没有群体合作，个人单打独斗，很容易死在野兽的獠牙下。于是，越是弱者，越要拼命抱团合群。这是祖先们传下来的生存方式。

如今的人们同样如此，越弱小的人，越害怕被群体所抛弃。

林徽因说过，真正的淡定，不是避开车马喧嚣，而是在心中修篱种菊。如果想衡量一个人的内心有多强大，就看他能不能一个人独处。

和别人在一起，我们总处于社会状态；只有在独处时，才能真正地发现自己，认清自己，回归真实的自我。

独处是一个人最好的增值期。一个人的人生高度，往往取决于独处时的质量。如果在独处时，只是听歌、玩游戏，而不做任何有意义的事，那这样的独处毫无意义。真正有意义的独处，应该是通过不断的学习来提升和充实自己，应该是回过头来认真地思考，回头看看你走过的路，并认真思考它带给你的经验教训。

真正让你强大的，是在独自思考和学习中的积淀和进步。

在娱乐圈里，陈道明是个偏爱独处的人。闲暇时间，他极少参加应酬，而是会坐在只能看到天空的窗前弹钢琴；或者想想自己拍戏的经历，静静地挥笔作画。这样的生活，他觉得舒适又恬静。在接受杨澜的采访时，陈道明说："独处是一种美德，可以让人内心得到净化。"

丰富自己，远比取悦他人要有意义得多。不必在意别人的眼光，在独处中积蓄力量，不断变强，才能绽放属于自己的光彩。

我不想做个时髦的“斜杠青年”

作者：慕容素衣

要说近两年最受人们追捧的生活方式，莫过于“斜杠青年”了。这是一个流行跨界的年代，越来越多的人身兼数职，下班后还不忘开发自己的“斜杠能力”。于是我们会看到，一个大热的畅销书作家有可能是民谣歌手，一个格子间默默无闻的小白领，到了晚上，摇身一变，成了直播界的网红，一个茶水间的大妈同时在开微店……

那种一生只做一件事的理念看起来已经完全落伍了，一项工作或者一种身份已经完全满足不了21世纪的现代人了，大家恨不得学孙悟空那样七十二变，开发出越来越多的技能，在不同的身份间自由穿梭。兢兢业业干着一项工作的老实人都不好意思跟别人说，怕说出去后，落入鄙视链的底端。

如果说，一种身份就等于一样标签的话，那么这年头，你身上拥有的标签越多，就越有可能被人膜拜。微博上有句话是这样说的：“不想当段子手的歌手不是一个好明星。”确实，要是歌神张学友晚出生数十年，论人气，他未必拼得过薛之谦，谁叫他除了会唱歌之外，不会写段子，也不会营造人设呢。我们迎来了一个综艺时代，光凭一招鲜吃遍天下已经不太可能了，出来混，可以涉足的领域一定要涉足一下，可以赚到的钱一定不能错过。

在这种潮流之下，当我听说认识的某位姑娘关闭了微店，停更了公众号，连喜马拉雅上的节目也不大更新了，一心一意只画插画时，确实是有些震惊的。当时我也正面临着人生道路的选择，便特意找她长聊了一次。

以前，这位姑娘可以说就是那种人人艳羡的“斜杠青年”了，天生艺多不压身，画得一手好画，写得一手好文章。人长得眉清目秀，属于“人淡如菊”那一种的，随便发张素颜的照片就能秒杀很多网红。她的声音也很动听，沙沙的，有种特别慵懒的性感，在喜马拉雅上有一群死忠粉。

拥有这么多才艺，不发挥出来的确可惜了。抱着这种想法，有那么几年，这姑娘一下子拥有了多重身份：在广播界，她是小有名气的网红主播，每周会录一两次音频节目，还一度客串电台嘉宾；在插画界，她的古风插画很受欢迎，一年到头约稿不断；她开了一个公众号，发发平常自己写的文章，再配上精心绘制的插画，很快就拥有了数万粉丝；有粉丝想购买她的画，于是她索性又注册了一个微店，专门用来出售自己的作品。

不得不说，做一个“斜杠青年”的好处是很明显的，一加一的结果远远大于二，她所跨的行业越多，得到的利润也就越多，微店蒸蒸日上的营业额和公众号日益高涨的广告收入可以做证。这种生活看上去真是光鲜极了，每次做自我介绍时，她每多报出一个头衔，感觉对方的眼神都亮了几分。

但是同时，做一个“斜杠青年”的坏处也是很明显的，人的精力总是有限的，那几年里，她把自己忙成了一个陀螺，最忙的时候，一天的睡眠时间只有四五个小时，黑眼圈浓重得用再昂贵的粉底也掩饰不了，洗头的时候，头发大把大把往下掉。

“那时觉得就像穿上了童话中的红舞鞋，怎么也停不下来；又像是有个人在后面挥舞着小鞭子对你说，不能停，一停下来，你就完蛋了。”和她聊了之后，我才知道，原来看上去一直云淡风轻的她，竟也有过如此焦头烂额的时刻。

为什么不停下来休息一下呢？她坦白地告诉我：“可能是我太贪心了，什么都舍不得放弃，什么钱都想赚，什么都想做好。”

身处在这样一个物质社会，贪心一点没什么不好的，但前提是，你得负荷得起你的欲望。有那么一阵子，她真的感觉就要被自己的欲望压垮了，想要的东西那么多，可是精力却远远跟不上。之所以还死撑着，是因为她告诉自己“别人可以做到的，我也可以做到”。的确，有那么多人在各个行业之内穿梭如风，还显得那样游刃有余，别人可以，凭什么她不可以呢？

“后来我才发现，别人能够做到的，我真的做不到。时髦的未必是合适的，我真的不想再做个时髦的斜杠青年。”经历了一番挣扎之后，她突然领悟到了断舍离的智慧，除了最爱的画画外，其他的暂且放在一边。

这样做当然会有很大的损失，很直观地来看，赚的钱比以前少多了，那她会不会觉得很可惜呢?

“并没有。”她对我说，“我这样说可能有些矫情，但我真的觉得，尽管我损失了一些金钱，却收获了心灵上的宁静。与其花那么多时间去同时做几件事，不如集中精力去做最擅长的那件事。”

她的话引起了我深深的共鸣。世界上有两种人：一种是可以一手画方，一手画圆，同时做两件事甚至若干件事而丝毫不乱的人；另一种却是只能在一段时间内做一件事的人。我和她属于后一种人。若干年前，我和她有过类似的处境，结果也做出了类似的选择，我们的力气好像只够做好手头的那件事，没办法像很多人那样在各个领域内自如地转换。

当然，若是拼尽全力也不是不可以的，只是那样的话，自己会搞得很累。我的一个朋友开了公众号，但却在自媒体热的时候，毅然关掉公众号，去写小说，她说那样虽然来钱慢，可是落得自在。也许挣的钱会缩水，但是至少在挣钱的过程中，她觉得享受多了。

关于挣钱这件事，以前我总觉得，人家能挣的钱，我也能挣到；

人家能过上的生活，我也能过。但是近年来，生活教会我的一个道理就是：有些钱我真的挣不到，有些生活我真的过不了。你用什么方式挣钱，过上什么样的生活，最终和你是什么样的人有关。某些人挣得很轻松的钱，对于另外一些人来说，也许格外艰难；某些人过得如鱼得水的生活方式，对于另外一些人来说，可能分分钟钟都是煎熬。

现代人的烦恼大多来源于选择太多，欲望过盛，从而缺乏专注和深入的能力。用我爸的话来说就是，钱这种东西是赚不完的。换句话说，你不能什么钱都想赚，更不能什么都想要。奥地利作家托马斯·伯恩哈德有句经典名言：**“每个人都有他自己的路，失败者的不幸在于他们不想走自己那条路，总想走别人的路。”**请允许我窜改一下，姑且改成：“每个人都有他自己的挣钱方式，痛苦者的不幸在于他们不想用自己的方式挣钱，总想学别人那样挣钱。”是不是也很贴切？

我虽然是一个财迷，但同时我有个原则，那就是不挣让我感觉非常不爽的钱，如果做某件事能挣到一笔钱，但这件事严重干扰了我内心的平静的话，那么我宁愿不挣这笔钱。当然这么做的前提是，还有不那么让你不爽的挣钱渠道。弱弱地说一句，要是被生活逼得走投无路了，再让我感觉不爽的钱，我也会硬着头皮去挣的。

写了这么多，并不是说我反对你做“斜杠青年”。现代生活的好处就在于它能够为你提供多种可能性，“斜杠青年”之所以这么走红，正因为它为人们提供了另一种生活的可能，让你不至于被某种身份束缚住，这是它的积极意义所在。但倘若把这种生活方式奉为圭臬，转而瞧不起那些专注某行某业的人，却大可不必。

一生能做好几件事自然很牛，但一生能做好一件事同样很了不起，这需要日复一日的付出和水滴石穿的耐心，还需要懂得给人生做减法的智慧。

最近，我看了一部纪录片，叫《了不起的匠人》。和流行的“斜杠青年”相比，我更喜欢听上去有些过气的“匠人”。所谓“匠人”，是那种看上去有些“不合时宜”的人，他们中，有在德格印经院刻了一辈子经的彭措泽仁，有一家三代从事制鼓行业的王锡坤，有立志于让汉服在现代“复活”的小伙子钟毅，有一件高仿宣德炉可以拍卖出80万天价的“中国铜炉第一人”陈巧生，也有从十几岁就开始爱玩泥巴的制陶老人羊拜亮。

这些匠人来自不同领域，从事着不同的行业，但他们有一种精神是共通的，就是他们的笃定与坚持。在他们身上，我们可以看到，所谓“匠人精神”，指的并不仅仅是一种技术、一种工艺，它更是一种理念、一种情怀。他们真正地热爱着他们所从事的行业，不管这行业是否已逐渐走向没落。在旁人眼里看似枯燥无比的生活，他们却乐在其中，每一秒钟都沉浸其中，每一分钟都在琢磨着如何把自己喜欢的事情做到极致。

从这个角度来说，他们不仅是匠人，也是“犟人”，凭着这份倔强，他们耐住了寂寞，抵挡了岁月，制作出了真正经得起岁月考验的工艺品。他们在自己身上克服了这个时代。有时候，我觉得，做任何行业都需要有一点匠人精神。

如果可以，我想把生活装进两个行李箱里

作者：夏小白

01

我和大多数独自在一线城市打拼的人一样，没买房，眼下也买不起一线城市的房。换句话说，我在上海没有固定的住处，每次因工作变动或房租上涨导致的搬家是令我最头疼的事情。

家里囤积的东西太多了，衣服、鞋子、包包、书、还没拆封的化妆品、自行配置的小家电，以及一些“当初不知道为什么要买，以为很有用，其实没派上什么用场，买来以后基本没用过”的东西。

以致每次打包到最后，我便会一脸颓然地坐在地板上，心情比铅球还沉重。

每每望着一屋子的狼藉、堆满桌子的化妆品、挂满衣架的包包，我总觉得自己像一只被女巫诅咒而困在古老城堡里的大笨龙，看似屁股

底下坐着几辈子也用不完的金银珠宝，很富有，但说到底，那些东西只是带不走的负累罢了，远没有能随时飞出去玩来得爽快。

我经常恨不得把所有的东西打包送人或扔掉，只留下钱包、身份证件、手机、电脑和几件当季正在穿的衣服，好轻松地拎包入住新租的房子。

我承认，最开始物欲上的满足和物质上的占有是快乐的，可当你本身处在一种“不安定”的生活状态下且经常搬家时，物品的囤积，尤其是体积、重量很大的物品的囤积，无疑是一种巨大的负担。

如果可以，我想把我的生活装进两个行李箱里，说走就走，没任何负担。

02

几乎每个女生家里都有一个堆满了化妆品的梳妆台，我也不例外。

我租的房子没配梳妆台，于是我就从网上淘了一张写字台当作梳妆台，我眼见它从一马平川到被堆满的化妆品压弯了腰，变成了肉眼可见的小盆地。可我真的需要那么多东西吗?

就拿口红来说，理论上，一支口红能用半年左右，使用频次低的话，甚至能用到一年以上。我的口红架上有二十多支口红，覆盖各大品牌，受网络营销和当季潮流的影响，每个季度还会买新的色号，每次化完底妆，站在它们面前挑选色号的时候，我都不免恍惚几秒，哪怕我有十张嘴每天用，也用不完这些口红，无法保证每一支物尽其用，寿终正寝。

一只包，不管是小羊皮、牛皮，还是帆布包，不管是国际大牌，还是国内小众品牌，它们都不是纸糊的，使用得当的话，五个包包就能覆盖人生的绝大多数场合（通勤、约会、旅行、自习、购物），但在我处理掉一部分的情况下，还有十多个包。

鞋子就更不用说了，就算有30双鞋，每个季度经常穿的也绝对不超过五双。

汹涌澎湃的购买欲到底从何而来?

出于攀比心理吗？所以，明明用不了那么多东西，却一直在疯狂地买买买?

问了身边几个女性朋友，她们的处境跟我差不多，大家似乎被“消费主义”和网络营销洗脑了。

上半年有“五一”和“618”，下半年有“双十一”、“双十二”、圣诞节、年货节，其间还夹杂着各种大牌日、店庆、周年庆等，购物平台和商家处心积虑地把所有的日子变成“刺激消费的购物节”，社交媒体和网络到处宣扬“消费主义”：天哪，这支口红太美了，涂上它，你就是玛丽莲·梦露；涂上那支以后，简直就是赫本本人；这个色号是肖战同款，你一定要买它……不论什么季节，都有人向你推荐流行穿搭、时尚配饰，你还没掌握当季穿搭的要领，商场和网店已经上架下一季的潮流穿搭了……

潮流快到你脚底抹油也根本追不上。

狡猾的品牌、商家和网红们尤其擅长贩卖“颜值焦虑”“身材焦虑”，把你的恋爱运气、社交圈层、职场发展和人生轨迹分别打上标签，给出通用的解决方案——花钱购物，买买买。

当你觉得自己很糟糕，被某种焦虑、恐惧所支配时，钱就进了商家的腰包，这条准则，全球通用。

在纪录片《无节制消费的元凶》里，心理学家克劳岱·拉贝尔指出，人类的原始欲望决定了有意识的选择，如果能破解潜意识的密码，就能找到把东西卖给客户的最有效方法。

他曾担任家乐氏、通用和烟草巨头菲利普·莫里斯等公司的顾问，长达30年的工作时间里，他战绩斐然，擅长操控人心，将人类心理上的恐惧转化成凶猛的消费力。

“打折促销、限时抢购”像闹铃一样催着消费者下单支付。高明的营销手段让很多人错把消费当品味，以为背名牌包、穿大牌衣服就是品位高的象征，频繁出入高档消费场所就能让人高看几眼。

这实在是大错特错。

03

如果不想掉进商家的圈套，不喜欢被别人左右的感觉，就应该着眼于自身实际需求，反消费主义，理性消费。可偏偏消费又能够刺激多巴胺分泌，让人产生愉快的情绪，很难抑制。

就拿我的朋友安妮来说吧，她是公关公司的客户经理，都市时髦精英的典型。

你永远能在她身上找到最新的潮流元素，阿玛尼400还没大面积请网红做营销的时候，她就涂着它去约会了；高圆圆背Chloe小猪包没多久，她就背着同款，出现在某个富二代朋友的生日派对上了；别人还不知道祖马龙蓝风铃是什么的时候，她已经用腻了，搁在化妆台上让它积灰；别人还没搞清楚玻尿酸和烟酰胺的区别呢，她已经升级到“果酸换肤”模式了。

粗粗算来，这两年，她花在置办化妆品、护肤品、包包、配饰和微整形上的钱有几十万。

她一年的工资和年终奖加在一起，有20万左右，可工作好几年了，银行卡上的存款却不超过五位数，每个月收到工资，第一件事是还信用卡。

本来嘛，女生经济独立，不靠男人，不靠家里，自己赚钱自己花，这无可厚非。

安妮一直这么心安理得地过着高级白领的小资生活，直到她爸爸意外摔伤住院，她连两万块的住院费也拿不出，只能四处找朋友借，她这才意识到问题的严重性。

工作这几年，她一个人在上海，表面无比光鲜，咖啡美酒、派对旅行，除却疯狂熬夜加班的日子，余下的时间里，从一个局浪到另一个局，花钱大手大脚，毫不顾忌，不了解她的人以为她是“白富美”，最不济也出生于二线城市的小康家庭。

但其实，她的老家在北方一个非常穷困的小城，普通家庭，父母早年下岗以后，就没有稳定的收入，靠打零工过生活。她大学时代最潦倒的时期，吃泡面就榨菜，日盼夜盼奖学金，靠做家教补贴生活费。但凡她以前花钱注意一点，别说两万块医药费了，三线城市里一套房子的首付都存够了。

从那次以后，安妮痛定思痛，决心改头换面，重新做人。

憋了好几个月没买一件新衣服，没进行任何攀比性消费，也不怎么赶潮流了，减少聚餐，戒外卖，一有空就自己做饭吃，把信用卡欠的钱一次性还清了，又下了记账的APP，记录每一笔钱的进出，每月开始强制储蓄工资的30%。

上一次我和她聊天，她强调了好几遍：“我以后再也不乱花钱了，真的，我把小红书也卸载了。从今天开始，我要当个小财迷，以赚钱为动力，把存钱当兴趣，要不然，抗风险能力太差了，人生在世，没钱就没尊严啊，再也不想硬着头皮跟人借钱了。”

04

安妮已经从“盲目消费”的坑里走出来了，但很多人还没有。

那些天天对你鼓吹“要消费，我要的现在就要，不顾现实，只管今朝有酒今朝醉”的人是在害你。美妆博主和商家才不会为你打算，他们所鼓吹的新产品、新技术、新潮流，99%是出于赚钱的立场，你可千万别走心。

别让钱包被鼓吹消费的资本家们掏空了，手有余钱很重要，你永远不知道什么时候要用到钱，人到了一定年纪以后，最大的安全感来自银行卡上的存款数字和支付宝余额。越是经济不自由、名下没有房产的人，越要保证物欲上的轻盈，保持随时能爽快离开，在哪里都能潇洒地重新开始生活的资本。

我从来不反对“必要消费”，也不提倡“极端极简主义”，一口气把能扔的东西都扔了，结果下次要用了，还是得重新买，耗时又耗钱，也不提倡为了每月省点钱，就勒紧裤腰带，饭也不好好吃，把日子过得苦哈哈的。

赚钱不就是为了花吗？人生在世，除了追求某些意义以外，不就图个开心吗？

我真正反对的是“欲望与经济水平不符合的超前消费和被营销洗脑、出于攀比心理疯狂生长的购买欲”。

一个成年人得知道自己有几斤几两，应当选择最适合自己的生活方式和消费方式。

梭罗在《瓦尔登湖》里说：“我愿意深深地扎入生活，吮尽生活的骨髓，过得扎实，简单，把一切不属于生活的内容剔除得干净利落，把生活逼到绝处，用最基本的形式，简单，简单，再简单。”

而我想说，我热爱生活，但我不愿被生活和物质所绑架，我渴望飞翔，有轻盈的翅膀和适度的物欲，希望能对每一件常用的物品和它的历史如数家珍，比起盲目购买、囤积，我更想尽情发挥每一件物品的使用价值，珍惜附着在每一件物品上的情感链接，心有所想，心无挂碍，能随时出发和停留。

活成自己喜欢的样子

作者：易小宛

01

那天，看到权志龙在演唱会上与8岁时的自己合唱。

演唱会开始之前，视频里出现了8岁的权志龙。彼时，他正在参加一个电视节目，主持人问他："你叫什么名字？"他回答："我叫权志龙，今年8岁，想做Rap说得很好的人。"然后8岁的权志龙表演了一段Rap。

当台上27岁的权志龙和视频里那个8岁的自己合唱时，台下的观众一片沸腾，那种感觉让人震撼。

一个人能一直不忘初心，坚持梦想，或许这才是梦想最闪耀的光芒。坐在我旁边的安欣也跟着他们合唱起来。结尾的时候，她笑起来，我却隐约看到她眼中的泪。安欣是个很精致的女人，无论走到哪里，安欣都自带着一种与众不同的气质，别人羡慕她的时候，却不知道她的气质来源于经历。

安欣出生于一个普通的家庭。母亲有轻度癫痫，父亲左脚残疾，只能依靠捡废品和政府补贴来维持家里的生活。比穷人更穷的大有人在，比苦难更苦的其实很多，但安欣并没有因此觉得自己命运悲惨。

安欣6岁那年，某一天，父亲从垃圾堆里捡回一双破旧的小舞鞋。这双小舞鞋或许就是她梦想的开始吧。

6岁的安欣穿着那双小舞鞋，在40平方米的家里，看着那台14英寸的老旧黑白电视机，里面播放的正好是一个少儿舞蹈类节目。那晚，小小的她激动得一晚上没睡着，盼着第二天再跟着电视机里的孩子们一起跳舞。那一晚，安欣觉得窗外的星星格外亮。

02

后来，安欣上了小学，家里条件不错的同学可以报舞蹈班，但安欣只能每天回家帮爸爸喂家里的猪。喂完猪之后，她才能在猪圈边练习舞蹈的基本功——压腿、压肩、推脚背、劈叉跳、大踢腿、下腰。伴随着猪的哼哼声，安欣体会到的是更有趣的舞蹈世界。

16岁的时候，安欣的舞蹈已经跳得特别好了，并有幸得到了一位音乐老师的资助。这位老师给她报名参加了一个舞蹈比赛。拿着仅有的150元，安欣坐上了火车，前往她从没去过的大城市。那是安欣第一次坐火车，她觉得窗外的一切都是新鲜的，甚至恨不得在拥挤的人流中翩翩起舞，那种兴奋的感觉盖过了车厢里的喧闹和各种味道的混杂。到了参赛地，安欣拿出了妈妈亲手缝制的新T恤，她要在跳舞的时候穿上它。可是等她跳完的时候，评委只说了一句："底子不错，但是缺乏创意。今后好好加油吧。"

那天安欣有点失落，但更多的是走出家门的兴奋，也就在那一天，她暗暗下决心：一定要走出大山，跳舞给更多人看。

回到家乡后，安欣除了读书，就是练舞，为了一个动作，她可以练到双腿发麻。

18岁的时候，安欣如愿考上了外地一所知名的艺术学院。但是高额的学费令她不得不放弃。她没有办法继续依靠父亲那已经苍老的双手去赢得诗和远方。

可是，坚持了那么多年，她怎么甘心停下跳舞的脚步？既然不能去外地上学，她就报名参加了当地的文艺团队，经常跟随文艺团队大街小巷地演出。虽然报酬很少，但也能帮家里减轻负担，还能尽情释放自己的舞蹈梦。

03

20岁的时候，安欣在一场下乡演出中凭借自编自演的舞蹈感动了在场的所有人，她也因此得到了一位企业家的资助。这位企业家资助她出国深造三年，承担了安欣所有的学费以及必要的生活费。安欣知道这个消息的时候，抱着妈妈哭了。

在国外的那三年是安欣最幸福也是最辛苦的三年。她可以在舞蹈学院老师的指导下，优雅地起舞。但是她没有任何外语基础，刚开始，她完全无法和别人交流，所以每晚12点到凌晨3点就是她在那台二手电脑上学习英语口语的时间。白天没有课程的时候，她就去餐馆刷盘子，帮蛋糕店发传单，为小区居民送报纸。

虽然每天很累，但是安欣觉得那三年是她收获最多的三年。她从一个英语单词也不会读到能流利地和老师对话，她的舞蹈从编排到表演都融入了中西方文化的精华，而她整个人的气质也渐渐变得更优雅。

回国之后，安欣应聘成为一所艺术学校的老师，她想把舞蹈的精髓传达给更多热爱舞蹈的孩子。课余时间，她穿着旗袍去参加各类聚会，她的生活变得丰富多彩起来。她用积蓄给爸爸妈妈买了一套公寓，她看到爸爸妈妈满头的白发，突然想到了自己小时候捧着爸爸捡来的舞鞋的情景。她在心里庆幸，好在爸爸妈妈还在她的身边，在他们变得更老之前，她终于把自己变得更加强大了一点。

04

我们每个人都有过最初的梦想，但是到最后，又有多少人一直还在坚持着？也许有人会觉得，梦想可以当饭吃吗？有人会感慨，如果连最基本的生活成本都支付不起，又怎么谈论遥不可及的梦想？

或许此刻的你生活拮据，或许此刻的你觉得自己很卑微，或许此刻的你失落迷茫……有多少人最想做的事情被现实打包了起来，而不得不去做自己不情愿做的事情。

我们总觉得梦想太遥远，在浩瀚的宇宙中，我们渺小如尘埃，可是，那又有什么关系？我们来到这个世界，不就是要成为自己喜欢的人，创造属于自己的小幸福吗？

纵使十年饮冰，也难凉热血。梦想很远，现实惨淡。也许此刻的你感到许多凉意，但是只要你默默地努力，坚持做自己，总有一天，你会感受到阳光带来的温暖。

念念不忘，必有回响。做任何事都不要忘了初衷。世上最美妙的事情不是模仿谁的生活，不是最后拥有了什么，而是你活成了你最初喜欢的样子。

食物里藏着令人治愈的温柔

作者：于非让

《孤独的美食家》这部剧开头说了一句话："美食，是平等地赋予现代人的治愈。"其实这种治愈追求的无非是随便、简单、温暖、私密。

01

20世纪60年代的时候，汪曾祺先生在张家口沽源县下放劳动。他曾把在当地采到的一枚大白蘑带回北京，为家人做了一大碗鲜汤。

孩子们兴奋无比，谁知，他的妻子喝着喝着，却哭了，眼泪落在碗里。汪曾祺先生问她怎么了，她只低头答："太好吃了。"接着，她又盛了一碗，笑着大口喝起来。

当时汪曾祺家里只有一张三屉桌、一个方凳，墙角堆着一床破棉絮。他口袋里小心翼翼地揣着一点钱，为孩子们添了个盐水煮毛豆。下放之前，他留下的字条，妻子还完好地保存着——“松卿，等我四年!”施松卿始终守着三个幼小的孩子，在这里等着他。

过后，他回忆说：“我当时觉得全世界都是凉的，只有这碗里一点是热的。”一时间，两地分隔的思念、濒临绝境的委屈、口袋里没钱的落魄，在闻到菜香味时都烟消云散了。

在《四重奏》里有一句台词引发过很多人的共鸣：“哭着吃过饭的人，是能够走下去的。”

贫困时的鲜香菌汤也给生活带来遐想和奔头。只觉得认真好好吃饭的人总是有希望令自己更好地生存下去。热乎乎的食物有一种发烫的能量，正是这种温度暖了肠腹。

虽然笑着吃饭可以暖心，但哭着吃饭也可以暖胃；不管怎么样，认真将食物吃进去，就能让你保持足以奔跑的能力。

02

还记得高三的时候，随着老妈的一声吆喝“吃夜宵啦！”，全家会有说有笑地围到桌旁。有时是清润的百合莲子羹，有时是清淡味美的山笋乌鸡汤、鲜菇鱼片粥，或是其他。那个橄榄油爆锅的声音仿佛还回响在耳边，我一直忘不了从前家里灶台上氤氲的热气。

然而来北京工作后，我经常顾不上吃晚饭。有时候急着赶车，就拎一份盒饭回去了。每天夜幕降临，城市的灯火初上，正是我在公交上、地铁上被挤得直冒冷汗的时候。人头攒动，每个人义无反顾、面无表情地往前走着。

回到宿舍，已经头昏脑涨。夜里10点多钟，连一口东西也没有吃上。在冷冷清清的出租屋里，我也不知道这样的日子，自己还能坚持多久。

大多数时候，我只能吃外卖，饿了先填饱肚子再说。可是有一天，我终于忍着胃痛，在楼下买了一点肉和米，给自己熬了一锅粥。喝完，胃竟然不疼了，感觉浑身热乎乎的，很舒服。于是，每晚回去，我都给自己熬点粥，然后小口喝光，那时，内心渐渐坚定，在异地他乡的这块简陋空间里也安下心来。

在那段初涉职场的艰难时光里，那些温热软糯的米粥，在某种程度上，让我不再想家和难过，不再觉得自己对这个世界无能为力。那碗热粥复苏了我在异地他乡一路踉跄落魄的灵魂。

美食作家韩良露曾说过：人生和舒芙蕾一样脆弱，只要接受生命的本质，不断地接受挑战，总有机会暂时遇到完美的生活。

所有破损的伤口都会在食物的贴心调理下，不知不觉地愈合。**生**

命的本质固然是脆弱的，却能不断在采集能量中获得新生。

不管是冷的热的，一箪食，一瓢饮，认真地享用，这就是食物的治愈。

03

不知道从什么时候开始，我们总是被生活搞得疲惫不堪，连吃东西也只是应付了事，甚至人也变得了无生机。“吃”成了可有可无的存在。我们总是以最普通的身份过着最煎熬的日子。

我朋友的三姨，夫妻感情不好，平时也不怎么见面，只有吃饭的时候，家里人围在桌前说两句话，平时家里大事小情也是在饭桌上拿主意。常常在晌午，饭香飘满弄堂的时候，他们家一言不合，就摔了碗，砸了桌子。

不吵架的时候，饭也草草吃，孩子玩手机，大人谈工作，一言不合，撂下筷子，摔门就走。常常一顿饭下来，孩子哭，老婆叫，男人咆哮。

每个人都觉得生活处处被逼迫，鸡飞狗跳，无法喘息，每个人都揣着怒气，天长日久，就算铁打的胃估计也会受不住这样的折腾。生活徒有美丽的色彩，他们却活得十分麻木。

这倒令我想起另外一个故事。在日本福冈，有一个妈妈千惠在女儿四岁的时候，乳腺癌扩散，于是千惠做了一个决定。千惠说："死之前，我完全不知道该给女儿留下什么，想了想，我只能教会她做饭、照顾自己，让她即使自己一个人，也能好好地活下去……"

之后，千惠开始每天教阿花如何拿菜刀、洗菜、做饭，尤其是糙米饭和味噌汤。一天也不能例外。

千惠一直对阿花说："阿花，你跟妈妈约定好吗？无论是吃饭，还是做饭，都不能糊弄。所以，首先你要做好味噌汤。然后呢，再努力做其他的东西。懂了吗？"

于是，"好好做饭，好好吃饭，好好生活"，阿花牢牢记住了妈妈的话。

等阿花大了一点，她也没有忘记与妈妈的约定：每天早上做一碗味噌汤。现在的她已经能独立地照顾自己了。

阿花上四年级时，给天堂的妈妈写了一封信："阿花有件事想告诉你哦，所有的便当我都会自己做了！妈妈很吃惊吧？有一次，爸爸喝多了酒，正在睡懒觉，没给我准备便当。于是我就趁爸爸洗澡的时候，蒸了米饭，菜是奶奶教的煎鸡蛋和爸爸教的青椒炒肉。米饭上还撒了鱼粉拌紫菜哦！……"

阿花一直没有忘记妈妈的教导：孩子，即使伤心难过，也要好好吃饭。

吃不仅是千惠给阿花日后勇敢生活的一种取之不尽的力量，也是一种修复。修复着孩子因母亲早逝带来的缺憾。

蔡澜老师说过："好的人生，从好好吃饭开始；好好吃饭，就是好好爱自己。"

纯手工的芝麻酥脆而不黏，心情不好的时候来几颗，甜一甜自己；一盘苦瓜炒鸡蛋清热败火，解心中烦腻；老街的酸梅汁酸酸甜甜，解暑开胃；麻辣小龙虾，辣出泪水，再灌两口冰爽的啤酒……酸甜苦辣咸，每一口吃下去都是满满的人间情味。

食物是既暖心又暖胃的东西，无论是一锅寂寞关东煮，还是几卷销魂厚蛋烧，那都是真真切切的生活。它安安静静，充满着我们需要的各种味道，从来不会拒绝孤独和失败的人。当盘中餐一点点被吃下去，食物给疲惫追逐的自己带来了温暖和力气，那就是最好的抚慰。吃了喝了，寒冷和饥饿缓解了，然后再冲进名利场，搏击厮杀，把这一生的琐碎和烦恼当成饭菜一样咀嚼。

人生的美好果然应该从认真吃饭开始。这才是我们每个人要学会的治愈方式。一蔬一饭，看似稀松平常，温饱之后，才能直奔理想。所以张嘉佳说："只有美食，可以抵抗全世界所有的悲伤和迷惘。"在每个沮丧无比的时刻，是食物治愈了我。

食物跟爱一样温柔，只有吃饱了，才能面对人生中的所有难题。

第三章

成年人最该修的是格局

心里有远方的人，
才能到达远方。
当你的格局大起来，
你的世界就会辽阔起来。

不慌不忙，
人生慢慢来
温柔要有，但不是妥协，
我们要在安静中，不慌不忙地坚强。

博集天卷 CS-BOOKY 明信片 非卖品

成年人最该修的是格局

作者：李月亮

01

我的两个亲戚吵架。一个在朋友圈里指名道姓骂另一个“死胖子”“好蠢一女的”。

被骂的是我的表嫂，她的体形挺宽厚，但气量很小。她被那条朋友圈气翻了，早上5点半给我打电话，让我帮她想想怎么骂回去。我困得不行，说：“嫂子，我得睡觉，咱晚点再说。”结果上午9点，我刚起床，她就上门了。我刷牙、洗脸、吃早饭，她就在我旁边义愤填膺地讲她和那个亲戚的恩怨纠葛：

表嫂儿子升学宴，对方付的礼金太少，所以对方生病时，表嫂就没去看望，然后对方就背后说她办事差劲；之后，她们在聚会上对峙过一次，现在两人见面互不搭理……

这是我的简化版。表嫂说的有一部电视剧那么长。只是我听来听去，也没听到有什么大不了的事，感觉整部剧的每个环节可以单方面停住，宣布剧终，然后消消停停过日子。

但她俩偏偏不干。明争暗斗了整整一年，现在居然斗出了一个小高潮。其实在这一年里，她们一直在朋友圈对战来着，只不过之前是含沙射影，而这次，对方直接点名了。

对方这突如其来的点名让表嫂夜不能寐，分分钟想骂回去，但又想不好怎么骂，所以她几乎憋炸。

我力劝表嫂算了吧，算了吧，这点小事不值得。

她瞪大眼睛驳斥我：“小事？你不知道，她那朋友圈每个字在我心里像鼓那么大！”

说着，表嫂的双手还开阔地比画了一下，表示是个大鼓，不是婴儿玩的那种拨浪鼓。

我说：“咱尽量往开了想吧，别折腾这破事了。你都浪费一年生命了，这么下去，还有完没完。有这精力，你多考虑考虑你家拆迁的事。”

我口沫横飞说半天，表嫂可能一个字也没听进耳朵里，临走时，还气鼓鼓地让我分析，对方说她蠢，说的是外形上的蠢，还是智商上的蠢。我也是哭笑不得，不知说什么才好。表嫂走了，我就想，人啊，还真是格局决定命运，起码决定生活质量。

明明可以一笑了之的事，你非要拿一年的时间去争斗，去怨恼，多浪费生命，多影响心情啊。

一个人格局太小，遇到一丁点小麻烦就过不去了，纠缠其中，空耗生命，那他的人生怎么可能好起来？

02

之前我有俩同事闹矛盾。起因是财务出错，把A女的300块奖金打到了B男的账户里。

A女发现不对，就去找财务。财务意识到错了，立刻找B男退款。换正常人，肯定二话不说就退给人家。但B男不愿意，装傻充愣找借口，就是死活不退。

A女有点生气，就和财务一起拉着B男去领导那里评理。A女说：“钱我可以不要，但事必须讲清楚。”领导心里很明白，但是看破不说破，表示下个月补给A女300块钱，B男就不用退了。

B男也不傻，知道自己在领导那里失了信任，很是不爽。隔三岔五在朋友圈指桑骂槐，说什么“就你最贱”“轻轻松松搞死你”。

同事们都知道B男说的是谁，也很反感这种行为。

好在A女没怎么往心里去，她屏蔽了B男的朋友圈，然后乐呵呵该干吗干吗。

她说：“我天天这么多事，哪有精力搭理他。我签一个大单，不比跟他较劲强？他爱说什么说什么，我不在乎，这样就等于他没说。”

当然，A女也从没在朋友圈回应过一个字。我当时就很喜欢她，觉得她很大气。

现在，A女已经是公司的副总了，而B男早已离职，不知去向。其实B男的业务能力很强，一直是部门第一名，可惜他格局太小，估计到哪里也混不好。能力大、格局小的人像一棵大树的种子，被种在花盆里，纵有参天的本事，也注定被框在方寸之间。

如果说，人生有什么宿命论的话，那就是格局小的人成不了大事。

03

我闺密家之前有个阿姨，很勤劳，做事也像样。开始时，闺密很喜欢她，也庆幸自己找到了一个这么好的阿姨。但慢慢地，她发现不对了。阿姨很喜欢贪小便宜。

3块钱一斤的土豆，阿姨非要说是4块5，有时还偷偷拿一个回家。甚至有时，阿姨会偷偷把闺密家的洗衣液倒在矿泉水瓶里带走。

有一年中秋节，按照惯例，闺密会给阿姨两盒月饼，但那天，闺密太忙，就把这事给忘了。结果阿姨走的时候，脸色很不好看，垃圾也没扔。之后，闺密就有点别扭。她说，有时我看着那个阿姨，觉得她又讨厌又可怜，我就想，你这辈子啊，不管多努力，也就是个保姆了。这话说得有点损，但也没说错。

如果一个人的眼里只看得见一个土豆、半瓶洗衣液，那她可能确实也就是个保姆命了。

04

还有个很经典的故事。

一家大企业的董事长要招助理。有个很优秀的小伙儿一路过关斩将，冲到了最后一关——董事长面试。董事长和这个小伙儿聊了一会儿，觉得他头脑灵活，一表人才，挺满意。

于是，董事长问他："你对公司有什么想了解的吗？"

小伙儿问："有年假吗？"

董事长说："有。"

小伙儿："有五险一金吗？"

董事长："当然有。"

小伙儿："饭补呢？"

董事长："有。"

几个问题下来，董事长的脸就黑了：堂堂一个董事长助理，不关注公司环境、个人成长、上升空间，脑子里只有车补、饭补这种鸡毛蒜皮的小事，太小家子气了，这种格局能有什么作为？

最后，小伙儿被淘汰了。

其实这正是很多优秀的人过得不怎么好的原因。所谓怀才不遇，多半不是差在运气，而是格局。格局不够，给你好运气，你也抓不住，生生掉一地。

05

人这一生要面临各种各样的选择：找工作的时候，你选饭补高的，还是前景好的？被人在朋友圈骂，你是淡然处之，还是拿出一年时间来跟他对战？别人该给你的月饼忘了给，你是一笑了之，还是生一肚子气？

决定这些的看似是你的性格、三观、喜好，其实在根本上是你的格局。你格局大，看得高远，就不会狭隘，不会被蝇头小事绊住，不会做愚蠢的决定，不会莫名其妙误了一生。600多年前，罗贯中就讲了：“夫英雄者，胸怀大志，腹有良谋，有包藏宇宙之机，吞吐天地之志者也。”

英雄如此，那些能成大事、发大财、得到大圆满的人亦是如此。

他们胸怀大志，腹有良谋，心里有宇宙，所以遇事分得清轻重，看得开得失，该丢车保帅的时候能舍得，该迂回前进的时候懂绕弯，该卧薪尝胆的时候沉得住气，最后抵达了别人到不了的地方。

心里有远方的人，才能到达远方。毫不夸张地说，一个人的财富、成就、婚姻、幸福指数等不会大于他的格局。而这些东西综合起

来，就是命运。

一个成年人最该修炼的是格局。你要学会开阔地去看待问题，不要被小情绪所控制。学会看轻小利益、小得失，不要一叶障目，因小失大。学会把目光放长远，不要纠缠微末琐事。当你的格局大起来，你的世界就会辽阔起来，你的人生就会通往更高远更明亮的地方。

能扛事是一个人了不起的才华

作者：惜漠然

1.成年人的崩溃是悄无声息的

近两年，出现了一个网络流行词——懂事崩。指成年人的情绪崩溃，无法随心所欲，不能当众示弱，不能影响工作和生活，只能在深夜里独自崩溃。很懂事，也很无奈。

看到一个朋友在朋友圈写道：“对你身边那个若无其事的成年人好一点吧，他的世界可能正在下着雪呢。”平日里，看她总是一副乐呵呵的样子，没想到她会发出这样的感慨。成年人的世界里，崩溃总是猝不及防。

2019年，在贵州毕节，一名高速女收费员为了帮忙推开前方的故障车辆，耽误了几分钟时间，被后面排队的司机大骂动作缓慢。女收费员没有反驳，依然微笑面对顾客进行服务，等到回过头时，她才偷偷擦眼泪。很多时候，纵然心里有万般委屈，但再苦再难，也只能自己扛。

成年人的崩溃是悄无声息的，表面上风轻云淡，能说，能笑，会社交，但内心一片狼藉。

我在网上看到这样一个故事。有个男人，虽然每月工资不高，但父母健在，有老婆和孩子，生活很满足，也很幸福。但不幸的是，他去医院体检时，查出了自己患有癌症。他不敢把这个消息告诉任何人，只能自己偷偷去化疗。跟平时一样，他每天正常上班、下班、逗老婆、哄孩子，每周回家看一次父母。

有一天，老婆突然问他最近怎么疯狂掉头发，他笑着说："因为我聪明绝顶啊！"

说完，他跑进厕所一个人偷偷哭了起来。

在电视剧《请回答1988》里有这样一句台词："大人只是在忍，只是在忙着大人们的事，只是在故作坚强来承担年龄的重担，大人们也会疼。"

面对大风大浪都波澜不惊的成年人，却会因为一件小事而彻底崩溃。在别人看来不值一提的小事，却带出了他们过去积压的无数的委屈和悲伤。

压死骆驼的从来不是最后一根稻草。

有个网友说："我扛过了工作的压力，挨过了失恋的痛苦，却因为洗澡没热水而蹲在地上又骂又哭。"

哭过之后，又要马上擦干眼泪，在最短的时间里恢复正常。成年人的世界里没有崩溃的选项，自己的残局只能自己收拾。每个成年人都在负重前行。

2.万般皆苦，唯有自渡

创业失败后，罗永浩负债6个亿，为了挣钱还债，罗永浩开始直播带货。

有网友在他的微博下留言："罗老师，我一直当您是我的偶像，现在，我想问您，您对现在的自己失望吗？（我心里的老罗不应该是一个主播而已。）"

罗永浩回应说："失望？怎么会，我在想各种办法赚钱还债啊，做主播赚的又不是脏钱。我对自己很佩服，不想还好，一想就肃然起敬想求签名那种……"

回顾老罗的创业之路，他几乎是做一行败一行。

他创立了牛博网，牛博网倒闭了；他创办了锤子科技，结果运营不佳，濒临倒闭，被字节跳动收购了；他进军电子烟行业，然而就在他宣布推出新产品的一小时内，"禁电子烟令"出来了……

有人说，这些挫折但凡有一件落在自己身上，都将是生命不能承受之重。

但是罗永浩承受住了，他说："有出息的男人需要气氛悲壮一点。"负债之后，老罗没有跑路玩失踪，也没有转移财产，而是扛起了这一切。

在《一个“老赖”CEO的自白》中，罗永浩说：“我会继续努力，在未来的一段时期把债务全部还完。即便公司因不可抗力彻底关掉，我个人也会以‘卖艺’之类的方式把债务全部还完。马克·吐温和史玉柱能做到的，我也能做到。”

就在罗永浩宣布要进军直播卖货行业后，网上各种调侃和落井下石的言论就没有停歇过。

“你进军直播行业，这次不会又把一个行业搞垮了吧？”

“求求你，放过直播行业吧。”

不管网友们是调侃，还是落井下石，罗永浩都不为所动，认真做起了直播，并且刷新了抖音平台当时的最高带货纪录。

生活从来不是事事如愿的，总有一些坎坷需要自己去跨越。这个世界永远不缺乏看热闹的吃瓜群众，缺的只是感同身受。你跟别人说你的苦，别人可能会觉得你小题大做。

正如《寒风吹彻》里说的那样：“落在一个人一生中的雪，我们不能全部看见。每个人都在自己的生命中，孤独地过冬。”

有些苦，你要自己去尝。正如有些甜，总是无人分享。人生本来就是这样，冷暖自知。

3.每一次劫后余生都是新生

生命中每出现一次大的挫折，都是成长中要渡的劫。每一段难熬的日子都是在经历成长的洗礼，挺过去，便是晴天。

有一期的《青年文摘》刊登过这样一个故事：杰米是一个破产的

电机厂经理，就在法院通知他上庭听候破产判决的那天，他的妻子和他离了婚，并带走了儿子。破产之后，杰米失去了一切，连基本的生活也难以维持。

昨天银行还向他微笑，今天他们就从他手上冷冰冰地拿走了房子；昨天还向他微笑的员工，今天就拿了破产的保证金走了；昨天还是他的汽车，今天就上了拍卖会；昨天还和他同床共枕的女人，今天就投入了别人的怀抱……

而杰米不得不去找一个可以睡觉的地方，但最后只能睡在地铁的入口旁。从那天起，悉尼市又多了一个只能坐着睡在地铁口的人。

面对这些现实，杰米并没有自暴自弃，而是选择了一条出路——捡垃圾生存！

杰米每天背着捡来的空瓶子去卖，并且每天要总结一天的成功经验，然后分析失败的原因，久而久之，他养成了一个很好的工作模式。

后来，杰米成了澳大利亚首富，而他所有的起步资金都是通过捡垃圾换来的。

杰米说："回顾我的成功，若没有那一次的破产打击，我是绝不会意识到一些决定我成功的因素，例如怎样面对打击和痛苦，怎样用痛苦与失败激励我明确奋斗的目标，怎样看待每一分钱，怎么样很好、很有效地利用好每一分钱，我需要弥补什么，等等！"

杰米还说了一句他的名言："痛苦与失败是我的财富，尽管我不希望经常拥有这笔财富，但我要永远利用这笔财富为我去创造更多的经济价值！”

每个人所走过的时光里，总有一些意料之内的惊喜，也有一些意料之外的失落。

如人饮水，冷暖自知，所有的艰辛和酸楚只能自己扛。

有人曾说：“每一个强大的人都曾咬着牙度过一段没人帮忙、没人支持、没人嘘寒问暖的日子。过去了，这就是你的成人礼；过不去，求饶了，这就是你的无底洞。”

世界上只有一种真正的英雄主义，那就是在认识了生活的真相后，依然爱它。

只有那些勇敢镇定的人才能熬过黑夜，迎来光明。

在成年人的世界里，每一次劫后余生都是新生。

4.能扛事就是一种了不起的才华

人生总会遇到一些坎坷，承担一些压力。努力过后，才知道，许多看似过不去的事情，咬牙坚持一下，就过去了。那些痛苦的日子才是生命中最好的日子，它们塑造了独一无二的自己。

作家苏岑曾说过：“在心情最糟糕的时候，仍会按时吃饭，早睡早起，自律如昔。这样的人才是能扛事的人。人事再乱，打不乱你心。人不需要有那么多过人之处，能扛事就是才华横溢。”

决定人生高度的不是有多大才华，而是遇到事时，能否担起肩上的那份责任。能扛事的人，在经历大风大浪时，依然有抬头挺胸的勇气。

只有这样，才能笑对生活，收获明天。

少说话是教养，会说话是修养

作者：陈阿咪

我们总说人和人的相处，关键是要“三观相合”。但是，当我们结交过很多人，也在岁月里“丢失”很多人之后才发现：三观相合，才能走到一起。

相处过程中，唯有做到“三戒”，才能真正建立属于你的人格魅力，并经营好你和身边人的感情。

1.戒话多

戒话多，即“适时沉默”。跟滔滔不绝、口若悬河的人相比，学会适度沉默的人，更具有人格魅力。

有一次我和一朋友去参加一场活动，遇见了一位陌生人。活动休息的间隙，大家便闲聊起来。知道了我们的行业后，对方开始大谈特谈，言语间夹杂着各种偏见。当我想要开口反驳一二，拆穿他的自大时，从始至终没有说话的那位朋友，使眼色拦住了我。

活动结束后，我私底下问他为什么不据理力争。他笑了笑：“但凡不同意的，就用沉默保留意见。对方有错，不妨留个台阶。聊天，不要太较真。”

细细想来，我们常常做这样的事：一旦被误解，便迫不及待地与之辩驳；一遭遇偏见，就挽起袖子打算争个高低。

和他人相处，发现别人的过失，习惯性地想去纠正和拆穿，眼里容不得任何沙子。但最后你会发现，那些习惯倾听，不爱说话的人，会越来越收获别人的信任。

而那些挖空心思想去纠正别人，帮别人“改正错误”的人，反而让人敬而远之。

蔡康永在他的《说话之道》里说过：**“把无谓的胜利留给对方，懂得认输的人会说话。”和人相处，不在说话上争高低，这才是真正的聪明人。**

这是一种尊重，也是一种修养。

2.戒妄言

戒妄言，即“不传私事”。如果说懂得沉默是高情商，而不乱说，就体现一个人的内在素养了。

我有个闺密，最近就和她隔壁桌的同事闹得很不愉快。其实两个人一直以来志趣相投，所以一开始相处得十分融洽，甚至以姐妹相称。

但是有一次，闺密和她的丈夫吵架了，于是向隔壁桌的同事倾诉了来龙去脉。

结果没几天，其他部门的两个人跑来问她："是不是已经离婚了？"

她大惊，什么时候家长里短、鸡毛蒜皮的小事，这么快就传到别人耳朵里了？

自己也只是很私密地向朋友倾诉下，怎么这么快就散播成"八卦"谣言了？一忖度，就猜到是隔壁桌的"好姐妹"说出去的。

自此以后，有什么话，闺密都避她三分，之后也就慢慢地和她生分了。

其实很多人在向我们倾诉时，往往是带着情绪的，并不能代表他们的真实想法。然而很多人快人快语，张嘴不考虑后果，误把别人一时的情绪化当结论，转身就传了出去。最怕的是，说到得意处，分分钟就忘了形。一不小心用错词，就让听者会错意，也就铸造了一段新的谣言。

所以，以前有人就打过一个比方，他说做人最好就像个瓶子：口子小，肚子大。听到的都吞进肚子里去，吐出来的时候，把口子缩小了说。听了别人的私事，不去乱传。

能坚守住自己，做一个瓶子一样的人，方能收获更多的信赖。会说话的人想着说，不会说话的人，才抢着说。

3.戒狂语

戒狂语，即“控制情绪”。

其实，说话重在把握“中庸之道”。所谓“中庸”，是话讲到适可而止就好。不带个人情绪，不过度贬损，不添油加醋。

你一定听过一个故事：一个文人为一老妇祝寿，儿女欢天喜地，邀请他为之写祝词。这个文人也不推辞，提笔写道：“这个女人不是人”，一言既出，老妇脸现怒色；“九天仙女下凡尘”，由怒变喜；“生儿个个都是贼”，儿女皆惊，开始咬牙切齿了；“偷来蟠桃献至亲”，结语一出，众人欢娱。

所以，你用什么措辞，如何去形容一件事，会直接地挑动他人的情绪。

一个聪明人，惯用的说话方式，是“陈述事实，不带情绪”。

比如家长教育孩子：聪明的家长，会注重循循善诱，说服孩子。但有的家长会顾着发泄个人情绪，粗暴地指责孩子，而忘了出发点和目的是什么。

比如夫妻因为家庭琐事吵架：有的丈夫，懂得跳出吵架这件事，理解妻子心理上的真正需求，从而化解危机；而一个不会说话的丈夫，就会和妻子在琐事上硬争高下。

所以要做事圆润，不意气用事，不盲目不妄语，不轻言不轻狂。

控制情绪，好好说话，还有什么事理不清楚？

有人曾经对我们的五官有这样一个有趣的解释：我们为什么都长着两只眼睛，两个耳朵，却只有一张嘴呢？因为啊，神要我们多听，多看，少说话。

墨子也曾经对学生子禽说过这样一段话："话说个没完没了有什么好处呢？比如池塘里的青蛙天天叫，弄得口干舌燥，却从来没有人注意它。但是雄鸡，只在天亮时叫两三声，大家听到鸡啼就知道天要亮了，于是都注意它。"

关于说话这件事，说得多，不如说得对。

少说话是教养，会说话是修养。

越是敢于呛声的女人，越自信

作者：林宛央

这两天，我最开心的事情就是《乘风破浪的姐姐》开播了。这个节目未播先火，完全在意料之中，因为都是吃瓜群众，谁能不好奇30个女明星天天在一起的生活和较量呢？

在前些年的芭莎明星慈善夜上，光是那样一两个镜头，大家便能从章子怡露肩、张韶涵C位、刘嘉玲墨镜等经典场面里嗅出一种山雨欲来风满楼的猛烈。

更何况这次要长时间相处，还要彼此竞争，还都是那种年龄30+，个个有故事的女明星。

30岁女人的较量，比20岁的好看在哪里呢？

20岁的女孩子由于阅历尚浅，往往并不自信，会对这个世界有一些惧怕，面对挑衅，常常选择隐忍、哭泣、崩溃，有种小心翼翼的讨好感。30+的女人却有一种“老娘已经活了小半生了，干吗要忍，何必要怕”的姿态，面对博弈，常常是不讨好，无畏惧，你让我不爽，那我就让你更不爽。

20岁的女孩子像绵羊，常常挂在嘴边的话是“好的”。30+的姐姐们则让人觉得很难搞，像是唱着迪斯科的野狼，常常挂在嘴边的话是“不要，凭什么”。越是敢于呛声的女人，越自信。在《乘风破浪的姐姐》里，最让大家感觉呛口且难搞的恐怕就是张雨绮了。

说来奇怪的是，张雨绮年龄并不大，1987年出生的她，其实只有33岁，比吴昕还要小好几岁，和金晨、沈梦辰是差不多大的。但一直以来，她给人的感觉都是姐姐，而不是少女。我觉得原因有两个：一个是像张雨绮自己说的那样，她一出道，演的就是熟女，像是《女人不坏》里的唐露、《美人鱼》里的若兰、《白鹿原》里的田小娥等等，都是那种很能和生活死磕的女性。另一个是，我觉得在于张雨绮本人，她似乎从来没有展现出属于少女的那种羞涩、胆怯、紧张，始终是一副“老娘什么没经历过”的笃定、勇猛。离婚，很敢说；分手又复合，照样很敢说。后来在罗志祥事件里，她剪八爪鱼，也是一副我就要公开撕渣男，看你们能把我怎样的姿态。包括在节目里，也是不允许自己被质疑，对所有自觉不舒服的事情，公开回撑。工作人员说她的妆看起来有点油，她就呛声说，哪里油了，我这是高光，你懂不懂？看到节目组请来孟佳、王菲菲这种专业女团成员，就撑节目组，说这样并不公平。被问到有没有低谷期时，她直言从来没觉得自己差过，认为自己一直很红，而且认为自己很适合上这个节目，之前没上跨界类综艺，都是被前经纪人耽搁了。化妆师给她画了一个紫色的眼影，被她嫌弃得不行，说太土了，像是20世纪80年代的感觉。后来和王丽坤一起争朱婧汐让出来的舞蹈位置时，伊能静劝她说，要不你和我一起，王丽坤是专业学舞蹈的，让她去那个七人团算了。但张雨绮就是寸步不让，坚持要用剪刀石头布的方式决出去留。

张雨绮是那种，如果认定了一件事就拼命争取，如果自己不喜欢就很敢拒绝的人。所以，在她的身上完全看不到一丁点委屈感和勉强感。这种性格可能会让人觉得太强势，但今天才学会拒绝的我，更明白：20岁的讨好成全了别人，但太委屈自己了。

30岁的我真的越来越喜欢张雨绮。因为我们完全没必要一味地委屈自己去成全别人。如果这个世界上的每个人都懂得成全自己，也都有实力成全自己，那么每个人便能少受点委屈。

所以，同样地，我也不讨厌许飞拒绝让位，人家是靠实力坐在那里的，凭什么让出来，想要这个位置的人，靠实力去争夺就好了。世界的进步就是要欲望，以及满足自我欲望的能力来推动的。

除了敢于表达自我，不委屈自己以外，张雨绮还让我欣赏的一点就是自信。

坦白地讲，真讲唱跳才华和天赋，在这30个姐姐中，张雨绮基本上处于中下游水平。公平一点，就拿她的演员同行对比：演戏演得比她好的万茜，还比她能唱；《演员的诞生》里就让人惊艳的蓝盈莹，这次同样大放异彩；金晨是出了名的跳舞好；宁静一开口，就知道是个唱得好的。

可张雨绮初上舞台时，只能选择《粉红色的回忆》这种相对简单的歌，因为她自己也承认，自己只有这首歌能完整唱下来。但厉害就厉害在，即使如此，张雨绮也不㞞。虽然上台时的确紧张，但她会说：“我站在这里，就要自信，就算不行，也不会丢失掉我的自信，我会自信地拎着行李走出去的。”

也是因为这种自信，张雨绮在表演时就不会有那种“我是来被大家比较的”感觉，她是发自内心地觉得自己怎样都很有魅力。所以她在舞台上的表演就真的给人一种蛮可爱蛮讨喜的感觉。就像伊能静说的那样，张雨绮很有观众缘，因为她享受这个舞台及一切。

这就是张雨绮一贯让人讨厌不起来的原因：她是来享受这个世界的，而不是来接受谁的审视的。

这样的人，实力够强时，就给人一种虽然强势，但让人心服口服的感觉，比如演戏时的张雨绮；实力不够强时，就有一种反差萌的可爱，比如在《乘风破浪的姐姐》里的张雨绮，连宁静看了她那段表演，都不无羡慕地说：“她好可爱。”也因为自信，张雨绮既无惧批评，也不会被称赞弄得昏头昏脑。

杜华看了张雨绮的表演后，她说：“你这个表演可能站不到前面的位置，得往后站一站。”（其实，单从表演来说，这是实话。）

可张雨绮就没有被这种话吓得自卑，更没有否定自己，而是来一句："那不要，我还是要站在C位。"可能觉得这样太嚣张了，她又改了一下："我努力让自己站在C位。"

杜华给了她一张X牌，其实就是"哪样也不太突出，待定"的意思，但张雨绮就会理解为"自己很棒，哪样都有无限可能"。有另一个评委很欣赏张雨绮，说她和钟丽淇身上有阅历美，如果张雨绮成团，他会是第一波粉丝，于是张雨绮就瞅了那个男评委一眼，略带嫌弃地表示："啊，我们团的粉丝就是这个年龄段的男士？"大有一种"老娘的美用得着你来欣赏？"的笃定。

不在乎被否定（你是谁啊），也很难被讨好（我需要吗），就活得挺飒爽的。

杜华说，张雨绮的脾气挺炸的，一般人降伏不了。这句话说到点上了，但我不太喜欢这里的用词。我觉得张雨绮的脾气很独立，独立到好话坏话都PUA[1]不了她，她有对自己坚定的信任、欣赏，不需要被任何人定义。

这也是《乘风破浪的姐姐》好看的原因，它展现出来的美是：身为女人，我不想、不必讨好谁，更不会为那些别有用心的讨好买单。

1　全称"Pick-up Artist"，原意是指"搭讪艺术家"，其原本是指男性接受过系统化学习、实践并不断更新提升、自我完善情商的行为，后来泛指很会吸引异性，让异性着迷的人和其相关行为。

人性最大的愚蠢，是相互为难

作者：水木然

前几天在快餐厅，看到一个手持电影票的妇女正在冲着一名女服务员发火。

原因是她要等三分钟才能拿到自己想要的汉堡，而她的电影马上就要开始了。

她发火的气势就像要把人吃掉一样，声音非常大，响彻整个餐厅，说的每一句话都咄咄逼人，而女服务员则不断地低声下气地给她道歉……

01

人为什么会有痛苦？因人和人之间经常在互相为难。

那些喜欢刁难别人的人，往往是因为被社会刁难得太多，所以想补偿回来。举个例子：很多业主对保安态度不好，不给他们留一点尊严，于是保安转身就会对送外卖的态度不好，甚至故意为难他们……

鲁迅说过一句话："勇者愤怒，抽刃向更强者；怯者愤怒，却抽刃向更弱者。"**当一个弱者被欺压时，往往会把怒气撒向更弱者。**

生活中这种现象很常见。

一个在外面受了气的男人，因为没有能力去报复那些让他受气的人，回到家的时候就打骂老婆孩子，踢猫骂狗，东摔西砸，这就是典型的懦夫。

某人忽然挨了领导一顿骂，回到办公室就会把手下骂一顿，这就是没有气量的表现，然而很多所谓的领导都是这样做的。

某个甲方的负责人遇到了不公平的事，就使劲地折磨服务自己的乙方，好像看到他们被折磨得死去活来，自己就会好受很多……

若人人都喜欢俯首面对强者，横眉冷对弱者，这真的是一个死循环。

弱者往往被欺负，然后转向欺负更弱者。

而当最弱的那个人无可欺负的时候，往往会冒出念头去报复那些最强者，想和他们同归于尽，这也是弱者的反噬。

如果我们不善待弱者，总是把怒气撒向他们，把最阴暗的东西留给他们，最终受害的一定是所有人，无论你的地位多么强势。

其实，只有懦夫才享受欺凌弱者的快感。这不仅不能解决问题，反而用一种情绪转移的方式，试图化解自己身上的缺陷，是无能的表现。

02

有人说，上层社会人捧人，底层社会人踩人。为什么底层的人有时会发生互相踩挤的情况呢？

因为他们在夹缝里求生存，他们往往封闭、狭隘、短视，睚眦必报、斤斤计较，结果就是互相踩踏。当一个人活着就是为了混口饭吃，整日疲于奔命时候，就可能会衍生出各种卑劣的行为，以及各种阴暗的心理。比如他们总是生怕别人比自己过得好，甚至他们会在暗地里算计你。

钓过螃蟹的人都知道，竹篓中放了一只螃蟹，必须要记得盖上盖子，否则它就会爬出来。

但是如果你多钓几只放进去后，就不必再盖上盖子了，这时螃蟹再怎么挣扎也是爬不出来的……

为什么呢？因为当有两只以上的螃蟹在篓子里时，每一只都争先恐后地朝出口处爬。

但当一只螃蟹爬到篓口时，其余的螃蟹就会用钳子抓住它，最终把它拖到下层，由另一只螃蟹踩着它向上爬。

如此循环往复，无一只螃蟹能够成功。

这就是现在社会上有些人的心态：如果我过得不开心，那么我就想看到别人也不开心；如果我爬不上去，我也拉住别人，让别人也爬不上去。这就是螃蟹定律。

其实生在底层不是可耻的，可耻的是这种“互相为难”的弱者思维。这些人焦躁不安，互相提防，生怕别人捷足先登，而这种心态更加剧了他们的平凡、庸俗。这是很多人的宿命，也是此等人为何总是满脸愁苦的根本原因。

人生已经很难，又为何苦苦相逼？有时放别人一马，就是放自己一马。

在这个社会上有另外一种人。他们身处社会底层，却有很高的思维格局，愿意积极地成全别人。这样的人，慢慢会聚集人气，左右逢源，拾级而上，成为佼佼者。 你是选择互相为难，还是选择先成全别人，再成全自己？

这个答案显而易见。

说话的分寸就是做人的尺寸

作者：三立书会会长

说话是一门艺术。会说话是一种本事，而懂得适时沉默是人一生中最难的修行。做人有分寸，其实就是与人相处的时候，说话做事有分寸。不追问、不妄议、不说破都是说话的分寸，也是做人的尺寸。

1.不追问是一种善良

人是种很固执的动物，明知山有虎，偏向虎山行；不撞南墙，决不回头。每个人的心里都有一个结，解不开，就放不过。但并不是所有的事情都要查个清楚，问个明白。人活着，有时候，聪明是一种罪过，糊涂反而会更轻松快乐。

情景喜剧《宋飞正传》里，有个人物叫乔治。有一次，乔治去参加了一个社区养老院的志愿者活动。他所帮助的老人已经86岁，伴侣去世，孤零零一个人生活在养老院，但每天却过得异常快乐。

乔治在目睹这个事实后，感到很困惑，他不明白，一个人都这样了，怎么还能这么快乐呢？于是，他不停追问老人："你害怕吗？你知道自己活不了几年了吧？你离死亡这么近，怎么能不害怕呢？你心里一定很痛苦吧？"

最后，老人忍无可忍，非常愤怒地说了一个字：滚！

老人为什么这样做，原因很明显。因为乔治层层逼问的过程就是在一刀一刀划开老人不想被人看到的伤口。真正有道德的人并不会这样做。

就像董卿曾经在《朗读者》里面对突然崩溃大哭的明星徐静蕾，她并没有为了节目效果，进一步去追问徐静蕾崩溃的原因。因为懂得，所以慈悲。人人都有一些深藏于内心的秘密、一些相对沉重的往事，不愿意他人得知，更不愿意被人刨根问底。只顾满足自己的好奇心去揭别人的伤疤，是对他人的残忍。

很多时候，不追问就是一种为人有分寸的高贵善良。

2.不妄议是一种修养

《庄子》中说："子非鱼，安知鱼之乐？"意思是说，在不了解他人的情况下，不要按自己的想法去揣度对方，更别提随意评价议论别人了。

泰国有这样一则公益广告：一个极其凶悍的妇人到菜市场去收租，她一进菜市场，就大声呵斥一个小贩，要他及时交租；然后走到一个卖肉的小摊前面，一把夺过肉铺的秤，狠狠地摔在地上；接着又指挥人把一个女摊主的货全收走了。这个仗势欺人的画面被在场的市民录下来发到了网上。不到三天时间，点击量过万。

视频激起了民愤，网民们指责这个老板娘黑心，并且呼吁人们不要去这个菜市场买菜了。然而没多久，菜市场的其他商贩就主动站出来帮老板娘澄清了。

原来，被老板娘呵斥要及时交租的小贩已经拖欠了好几个月的租金；之所以肉铺被摔秤，是因为他们长期缺斤少两，老板娘是在严厉警告他们；老板娘让人把女摊主的货收走，也是因为看她生活不易，自己掏钱把她的货买下了，让她能够继续经营这个他们一家赖以生活的小摊。

周围围观的群众只是看到了事情的表面，并不了解全部的真相，就人云亦云地妄加揣测和评论，让老板娘遭受了不白之冤。

生活中也有很多这样的人和事。不能仅仅看到整个真相的一角，就妄下结论，攻击评判别人，让别人深受语言暴力的伤害。

作家王小波说："口沫飞溅，对别人大做价值评判，层次很低。"对于别人的事，不了解，就不要随便议论，更不要妄自下结论，这才是一个人最大的修养。

就像《欢乐颂》里安迪说的那句台词一样：你可以有不同的见

解，但没有扔石头的权力。

每个人都有自己的人生和选择，作为旁观者的我们无论如何不应该随意评判别人的生活。

3.不说破是一种智慧

好的生活哲学讲究一个分寸感。与人交往中，说话留余地、看破不说破并非圆滑世故，而是尊重他人，顾及他人感受，让彼此都舒服的处世智慧。

思想家章炳麟曾经遇到了经济上的麻烦，迫不得已，拉下脸面请朋友帮忙。于是，这位朋友一个人亲自跑到苏州，在一番无关痛痒的寒暄后，将一张钱票折好，偷偷压到茶碗底下，保全了章炳麟的面子。既对朋友施以援手，又设身处地为朋友保全了面子，让对方没有接受施舍的窘迫感，也更好地巩固了这段友情。

看透是智慧，不说透是心胸。看破不说破的背后是一份恰到好处的分寸感，是人生阅历和涵养的体现，更是能够站在对方的角度考虑的处世智慧。

作家贾平凹也写过一个关于朋友的故事。朋友有口吃，说话慢，有一天，在路上遇到有人问路，偏偏这人竟也是口吃，于是朋友就一语不发。

过后，贾平凹问他为什么不说话，朋友答道："我是口吃，人家也是口吃，要是我回答了，那人可能会以为我是在模仿戏弄他。"

言为心声，会说话的人不仅仅是因为情商高，更是因为心里装着别人。在说与不说之间透露出来的品行教养，体贴细心，可见一斑。

人人都有一张嘴，能说话，不代表会说话；说得多，不代表说得对；很多时候，口沫横飞比不上适时的沉默。说话很难，拿捏该说什么话还是不说话更难。

人生在世，希望我们都能保持善良，理性开口，适时沉默，把握做人的尺寸。

三十而立：一切过往皆为序章

作者：黄公子

三十而立，立于何？

在《人物》杂志举办的女性演讲中，刘敏涛总结自己的30岁，是“面目模糊的贤内助”。她说：“我的生活轨迹几乎全部符合社会对一个‘标准女性’的预期。”

可是37岁时，“乖乖女”刘敏涛大胆选择“中年叛逆”。她痛下决心，结束了七年丧偶式婚姻，告别过去，告别曾经选择的30+生活。复出之后，刘敏涛很快凭借《琅琊榜》《伪装者》重回巅峰。44岁时，刘敏涛在舞台上尽情释放自己，“做作”演绎《红色高跟鞋》，接连收割五个热搜。刘敏涛大声说出：“我相信，疲惫和麻木不是中年人的底色。”

有人说，嫁富豪和果断离婚属于本就优秀的人，所以刘敏涛进退自如。更多的30+女人没有底气撑起“独立人格”。

三十而立，有的人把没有底气看成人与人之间的差距，而我只看到了差异。

30+，人人都有“中年叛逆”的权利。

1.三十而立，是成家生子吗？

女人在一生中被认为最重要的角色叫“母亲”、“妻子”和“女儿”。

打拼事业的女人，被称为“女强人”，好像女人独立强大是一种特例。可从没听说过“男强人”。不得不承认，我们今天依然生活在“男性凝视”的社会现象中，女性角色总是从男性的视角里获得意义。

30+女生面临的职场环境充满恶意。没结婚时，怕你结婚；结婚后，怕你生孩子休产假；好不容易熬过，又怕你要二胎……面试三连问：结婚了吗？有小孩吗？打算什么时候要小孩？

30+的未婚职业女性不敢结婚。

但是，“30岁是女生的最佳生育年龄”像一道魔咒，时时刻刻萦绕着。来自外界的催婚催生让自己的内心不断怀疑，好像30岁不结婚生子，就真的错过了自己的重大使命。

30+结婚生子的女性不敢辞职。

有一次周末开会，我在卫生间看见哭红眼睛的同事，才知道那天她5岁的女儿在家里发烧，老公出差，客户一直逼着改方案，公司又要开会讨论新项目。她跟我说话的时候，眼泪还在掉：“35岁，跟年轻人比，还有什么竞争力？必须拼命保住饭碗。”

我试探着问她："能不能和老公商量，你更照顾家里一点？"她神色苍凉："妹妹，你要记住，无论如何，女人要有自己的工作。"

尽管这份坚持让她身心俱疲，但我理解她的信念，工作是她给自己挣来的独立的资本，是她在婚姻里的"自尊"。

另一位女性朋友工作稳定，刚怀孕，双方家长倾尽积蓄让他们能在北京买房定居。可刚31岁的她，跟我说："我的生活一眼能望到头，我完全能想象自己五年后、十年后是什么样子。"那一刻，我心里有一个声音在问：31岁就一眼望到头的生活值得过吗？

拼尽全力，让人活得卑微乏力。

循规蹈矩，让人活得苍白无趣。

像罗曼·罗兰所说：大半的人在20岁或30岁时就死了，一过这个年龄，他们只变成自己的影子。以后的生命不过是用来模仿自己，把以前真正有人味儿的时代，所说的，所做的，所想的，所喜欢的，一天天地重复，而且重复的方式越来越机械，越来越脱腔走板。

三十而立？

成家生子是社会期待的样子，疲惫和麻木让我们忘了自己本该有的样子。

2.三十而立，是标榜自我吗？

波伏娃曾说："女性不被要求奋发向上，只被鼓励滑下去到达极乐。当她发觉自己被海市蜃楼愚弄时，已经为时太晚，她的力量在失败的冒险中已被耗尽。”

太多女性像波伏娃所说，到了中年，已经失去奋发向上的动力。

所以《乘风破浪的姐姐》一开播，就迅速霸屏热搜。这档节目重新定义了30+，为我们呈现了一批追求自我价值的中年女生。32岁的张雨绮，初秀成绩不佳，但依然高度自信。48岁的宁静霸气回撑：“我还用自我介绍？那我这几十年白干了。”52岁的伊能静内心依然小公主，会因评委的不公言论而哭诉委屈。这群30+、40+、50+的姐姐自信而独立，优雅而从容。

年龄没有成为她们的拖累，反而成了她们的荣耀。

有人说，和《乘风破浪的姐姐》里的明星比，差距还是太大了。50+依然青春靓丽，没有一丝赘肉，这背后要花费多少时间和精力去学习穿搭和化妆技巧，要克制对美食的渴望，要花多少钱在护肤品和美容院。

没错，社会对女性的外形容貌要求苛刻。

没错，尽管《乘风破浪的姐姐》尝试反击当下流行的媚青文化，但它却不自觉地迎合着青春靓丽的诉求；它呈现出一群美出天际的仙女；她们嘴里说着“我要和最漂亮最年轻的女生成团”；高挑美丽依然是成团的标准；女团的演绎依然是唱唱跳跳。

但我们的生活不是一场商业秀。

我们不需要迎合观众，也不必吸引投资。

当我们说30+要活出自我，这不是一种标榜，而是真正披荆斩棘，从容不迫，是一份成熟的智慧和坚定的心境。

我的一位朋友在北京打拼几年后，回老家开了一家咖啡厅做营生。北漂需要毅力，结束北漂也需要勇气。

而且学管理出身的她，还偏偏在34岁时，决定从零开始学习法律。原因是自己家房子的纠纷问题让她意识到法律的重要性。

有人说她太不专注，法律更是有门槛的职业，她学了也没有意义。

今年，她36岁，考取了律师从业资格证。有一次，我玩坏了她女儿的玩具，她立刻毫不客气地告诉她4岁的女儿："让阿姨赔。谁玩坏了你的玩具，就得赔。如果不赔，你就告诉他，我妈妈是律师，会起诉他。"

那一刻，我感受到了什么叫底气。女人的底气是实力给的。无关起点，无关容貌。

她家境不算优渥，能走到今天，全靠她自己一点点奋斗和积累，一点点挤出时间学习和成长。离开自己擅长的领域，乘风破浪的姐姐们可能唱歌跑调，跳舞同手同脚，完成不了高难度和弦。

而普通如你我也可能攀登上不同的山峰，看见不同的风景。

3.三十而立，是内心的绝对独立

王小波在《三十而立》中写下："忽然之间心底涌起强烈的渴

望，前所未有：我要爱，要生活，把眼前的一世当作一百世一样。这里的道理很明白：我思故我在，既然我存在，就不能装作不存在。无论如何，我要对自己负起责任。”

有人不断在耳边说，到了什么年龄，就要做什么事。

有人用男性视角要求你，做贤妻良母，兼顾事业和家庭。

有人用迎合年轻的文化审视你，你必须足够漂亮，保养得当。

但你只需要为自己负责。

三十而立，不要担心赚钱的速度赶不上父母老去和孩子长大的速度，你要担心自己内心成长的速度。

三十而立，无关财富地位，不是成家生子，而是你是否思想独立，是否活出了每一刻的生命质量，掌握了自己的人生节奏。

蒋方舟9岁就出版散文集，而J. K. 罗琳被拒绝12次，32岁才出版了《哈利·波特》。林妙可8岁就出演都市剧，9岁就登上奥运会开幕式，而摩根·弗里曼52岁才迎来演艺事业的爆发。

每个人都有自己的人生节奏，没有人能定义你的30岁。

愿你不屈于流俗，不困于时光。在任何年龄，你都可以成为任何你想成为的人。

一切过往，皆为序章。

三十而立。

第四章

不羁地年轻过，优雅地老去

真正的英雄，
是知道生活的真相之后，
依然热爱生活，
纯真，就是这份不变的热爱。

何炅：偶尔做个“无用”的人

作者：简爱

01

湖南卫视大型生活服务纪实节目《向往的生活》，不知道你们看了没？反正我是挺喜欢的。何炅、黄磊、刘宪华三位明星从万人景仰的舞台回归到普通农家小院里（一个叫“蘑菇屋”的地方），过起日出而作、日落而息的田园生活，白天到地里掰玉米棒子，夜晚烧火做饭，真真切切考验明星们自力更生的能力。他们自给自足，接人待客的真实生活画面，让我们有幸看到明星们的另一面。

我一连看了好几期，对其中一期的印象非常深刻，那一期白百何突然空降蘑菇屋。

对于白百何，大家都很熟悉，影视红人，这些年，事业如日中天，哪儿都有她的影子。可一到了蘑菇屋，看着黄磊在灶前忙得不亦乐乎，何炅娴熟地打扫和整理，刘宪华给黄磊打下手帮厨，自己却什么忙也帮不上，也确实不会做，于是，白百何皱着眉头对何炅说了一句话："突然就觉得自己成了一个无用的人。"言下之意，没了舞台，离开聚光灯，便黯然失色，找不到存在感。

何炅听后，笑了笑回答她："人活着，不必每一天都有用，偶尔做个'无用'的人吧。"何炅的话很有哲学意蕴。

这期节目过去好一阵了，但我仍然清楚地记得何炅的这句话。

社会高速发展的今天，人们忙着挣钱，忙着出名，忙着升职加薪，人人像上了发条一样，埋头赶路，我们已经习惯做一个"有用"的人。

02

究竟什么是"有用"，什么是"无用"？

白百何和何炅的对话使我想起了网上的一则新闻。两个90后的女孩在网上直播撕书。视频中，一女孩拿起史玉柱的书后，说道："史玉柱是谁？"另一女孩回答："史玉柱是谁啊，人长这么丑，书怎么能读得下去，不撕留着何用？你要读书吗？"前面的女孩接着道："我不读书，我要读书干吗？"然后便将书给撕掉了。另外那个女孩又拿起郭敬明的一本书说道："郭敬明是谁？"对方接答："娱乐圈最矮的……”紧接着撕完书后，旁边的女孩附和：“你不读书也能开跑车。”

两人越撕越起劲，围观者无数。

且不论两个女孩是出于什么目的要拍这样的视频，然后上传到网上。但是话里话外，字里行间，想陈述的观点只有一个，那便是读书无用，长得美会赚钱才是真本事。

这样的视频看了之后令人惊愕。

03

另外一个现象是，现在早教培训中心无处不在。有些宝宝甚至不到一岁，父母便一掷千金送去开发智力，各种培训，拔苗助长。

有的家长太焦虑了，生怕孩子一出生，就输在了起跑线上。

如果一个人学富五车，出口成章，但赚不来钱，是要被人耻笑的。只有加官晋爵，有名有钱，才能称之为有用的人，那些家庭幸福、收入一般的，往往被人忽略不计。

我们有的教育过分强调有用论。

让我们来看看法国思想家卢梭是如何说的：“大自然希望儿童在成人以前就要像儿童的样子。如果我们打乱了这个次序，就会造成一些果实早熟，它们长得既不丰满也不甜美，而且很快就会腐烂，我们将造成一些年纪轻轻的博士和老态龙钟的儿童。”

深以为然。

04

关于“有用”和“无用”，庄子曾经说过一句话：“人皆知有用之用，而莫知无用之用也。”在物质丰富的今天，我们是不是可以少一些“有用”，多一些“无用”。

19世纪初，“京城第一名家”王世襄生于名门世家，却沉迷各种雕虫小技，如放鸽、养蛐、驾鹰、走狗、掼跤、烹饪，而且玩出了文化，玩出了趣味。荷兰王子专程给他颁发了2003年“克劳斯亲王奖最高荣誉奖”，给出的颁奖词是：如果没有他，一部分中国文化还会被埋没很长一段时间。

那些书籍、音乐、花草鱼虫……根本无法给我们的物质生活带来实际的效用，所以在很多人看来，这些并没有什么用处。没用的东西也就不再用心追求。

然而，生命的宽度与厚度并非用物质堆砌起来的，在物质之外还有精神，在有用之外还有无用，正是这些无用之物拓宽了我们生存的维度，生命的精彩更需要物质之外的东西。

这个世界上并没有无用的东西，只是，我们忽略了发自内心的愉悦，以为物质可以代替一切，甚至可以代替那些会心一笑，代替顿悟时的神清气爽。

人的欲望无穷无尽。只有精神的富足才能换来内心的宁静和长久的愉悦，也只有那些无用的东西才能让我们体会到生而为人的真正快乐，不是吗?

幼稚的人谈喜欢，成熟的人谈责任

作者：艾小羊

01

许知远的《十三邀》邀请过47岁的亚洲偶像木村拓哉。

许知远问木村："你有没有特别想扮演的角色？"木村回答："那是一个专业团队无数人的努力，我没有选择的权利。"文艺青年关心自己的喜欢，职业人士关注他人的付出。

《十三邀》李诞那一期，李诞问许知远："为什么要做访谈节目？"许知远说："没办法啊，我得挣钱（养书店）。"

你瞧，有时候，连文艺青年许老师也知道有些事情不喜欢，但必须做。

02

某次，我们团队招聘，一个应聘者说她觉得如果不喜欢自己的工作，就很难做好，所以她想做自己喜欢的事情/工作。

我问她："你之前的职业是什么？"

她说："瑜伽老师。"

"那你不喜欢吗？"

"开始时挺喜欢的，但是做了一段时间就不喜欢了。"

我问她现在喜欢什么，她说喜欢做运营，报了很多网课，也把难啃的《运营之光》啃完了。

于是我让她在运营的岗位上试用。但试用期还没过，她就干不下去了。

运营是一个特别琐碎的活儿，需要细心、耐心与决心，这些她都没有。她之前所了解的运营是像将军一样运筹帷幄、指哪儿打哪儿，实际做起来，发现最重要的不是你站上指挥塔怎样指挥，而是你如何爬上这个指挥塔。

这个过程是平平淡淡加默默无闻，无鸡血，没段子，不励志，无论是讲师做讲座，还是作家写书，都会选择性地忽略。

于是，这个女孩以为自己学了很多知识，其实她空有一腔志气和一碗鸡血。

离职的时候，她跟另外一个员工说："我还是要去找一份自己喜欢的工作，不喜欢的事情，我做不好。"

这个女孩才24岁，我很想告诉她，如果你没有能力做好自己不喜欢的事，那么，喜欢就会变成弱者的借口。

强者谈坚持，弱者才谈喜欢。一句“不喜欢”可以甩掉所有的不努力、不作为、不坚持。

喜欢是什么？它代表某一个时间节点的短暂情绪。无论是你喜欢的工作，还是喜欢的人，长久相处的时候，你便会发现里面包含着诸多不喜欢之处。

主持人窦文涛说过一件事。在《锵锵三人行》火爆之后，台里决定给他一档时事节目，叫《文涛拍案》。与《锵锵三人行》的风格不同，《文涛拍案》讲大案要案，内容黄暴，不设嘉宾。

这个节目，窦文涛从一开始就不喜欢，然而这件自己不喜欢的事，他做了八年。后来，窦文涛在《圆桌派》上回忆这段时光，说因为不喜欢，总担心做不好，常常一期节目反复录四五次。

“有一天录完节目下班，已经是清晨6点，深圳暴雨如注，那一刻，我心里只有四个字：生无可恋。”窦文涛说。

再光鲜的人，再顺利的人生，再喜欢的事，也会有那么一些时刻心生厌倦，甚至生无可恋。

这就是普通人的人生，甚至可以说是大部分人的人生。

小到保持身材，大到养家糊口，做好任何一件事都不能仅仅凭兴趣，而是要靠专业、信念与坚持。

凡事谈喜欢，动不动还要以自己喜欢的方式过一生，我敬你是个不识人间烟火的小宝贝。

这样的小宝贝，我劝你敬而远之，因为他们不仅自己一事无成，还专业坑搭档、坑队友。说好听点是文艺，以自己喜欢的方式过一生；说不好听点，就是情绪化，不负责任。

03

我的副业是开咖啡馆。这个行业，只谈喜欢、不谈责任的人特别多。我一个朋友拿50万出来开店，请了一个合伙人。合伙人特别喜欢做咖啡和烘焙，开咖啡馆也一直是她的梦想。

听上去很完美，对不对？但老司机要告诉你们，创业谈梦想、干工作谈喜欢的人，基本不靠谱，记住这一点，你能规避人生99%的坑。

这个世界上，喜欢与爱一样，是易耗品，像烟花一样，易冷。

朋友的店开了不到半年，合伙人的激情就余额不足了。产品不上新，管理不上心，四五月正是生意旺季，而她却要出门旅游，一走就是20天。我朋友求她："等7月再去好不好，淡季你想去哪儿就去哪儿，现在好不容易有点生意。"

她说："不行，我不能为了工作而放弃自己喜欢的事。"

我朋友差点儿晕过去——姐啊，当初开店的时候，你不是说开咖啡馆是你最喜欢的事吗……

喜欢是孩子的脸、六月的天。人生漫长，诸多无奈，我们终究不可能以喜欢抵达成功，更不可能以喜欢的方式过一生。

我家小美从四岁开始学钢琴。我对她没什么特别的要求，就是希望她能从小坚持去做一件看上去很美、实际上枯燥得要死的事儿。

报班之前，我问过她喜不喜欢，她说喜欢。后来每到练琴的瓶颈期，小美都恨不得把钢琴砸了。

朋友来我家看到这种情况，建议我别逼孩子，还是选一件她喜欢的事情让她做，这样才能事半功倍。我告诉你们，这种鸡汤千万别喝。

我们来分析一下人性：喜欢是我们的本能，同时，喜新厌旧也是我们的本能。如果凡事按照本能，那么人人都是失败者兼渣男、渣女。

而教育本身一定存在反人性的部分。音乐小王子周杰伦算是天才了，两岁会哼歌，三岁唱得有模有样，去妈妈同事家，摸了钢琴都不想走。周杰伦这么喜欢音乐，这么有天赋，学钢琴的时候怎么样？不想练琴，被他妈妈叶惠美打得想死。

04

人生实苦，喜欢并不能让它变得容易。幸运的是，我们还拥有另外一种人性：容易被成就感支配。

喜欢就是站在山下看山上的风景，而成就感是半山腰的观景台。

在本能的喜欢与有效的成就感之间一定有一段上坡路。支撑你完成这段上坡路的不是喜欢，而是信念。

喜欢本身无法成为信念，只会成为我们见异思迁的遮羞布。

幼稚的人谈喜欢，成熟的人谈责任。一件事，有所成，一定是10%的喜欢加90%的责任。

成功是在喜欢与厌倦之间进行螺旋式上升，上升的成就感支撑我们一次次对抗厌倦，到达柳暗花明的境界。过度强调喜欢的人，在第一个厌倦到来的时候，就会换一个坑位；于是，他们跳来跳去、筋疲力尽，永远只能在山下看风景。

毛姆说："为了心灵的安宁，人最好每天做两件自己不喜欢的事。"然而，爱因斯坦又说："兴趣是最好的老师。"

你瞧，连神仙都打架，难怪我们听了再多道理，也过不好一生。但如果让我二选一，我选毛姆，因为爱因斯坦是天才。

天才横空出世，世界为之让路，而普通的我们想要不疯魔、不报废，最好是每天心平气和地去做两件自己不喜欢的事。在日复一日枯燥的历练中，化喜欢为信仰，化兴趣为力量，找到自己的节奏，活成鸡血本血。

好的人生就是每天成长一点点

作者：佟十二

一个人在成长的路上难免会有彷徨失措的时候，踌躇不前，会不可避免地陷入挣扎和痛苦之中，辗转难眠。因为生活总是如此残酷，并不是你付出努力，就一定会有回报，也不是你用力向上生长，就肯定可以站到高处。

人在劳而无功的时候，在付诸努力，却见不到成效的情况下，就很容易掉进沮丧的坑洞里，质疑一切向上的东西。

努力真的有用吗？成长真的有那么重要吗？

我来讲一个读者的故事。两年前的某天夜里，一位读者在微信上试探性地问我有没有休息。当时，我正在赶一篇稿子，说来也巧，他来找我的时候，稿子刚好写完，一个人在大半夜里找过来，必然是有事情的。所以，我们的聊天也就此展开。

我的这位读者来自山东的某个农村，父亲患病多年，不仅常年服药，而且几乎干不了重活，家里家外全靠他母亲一个人操持着。常言道，穷人家的孩子早当家。

从高中起，他每年暑假都出去打工挣钱，试图减轻母亲肩上的担子，而他的学习成绩始终名列前茅，从未跌出年级前十。

高考时，凭借着稳定的发挥，他上了一所知名的985大学，大学四年，勤工俭学，长期兼职两份工，还能拿到全额奖学金，大学毕业后，他去了深圳，正式步入职场。

他找我聊天的那天夜里，刚加班结束，想起远在老家的父母，想到深圳高到令人绝望的房价，想到事业发展平平的自己，心中百感交集。

他感慨道："这么多年，我一直很努力，因为我知道自己家里的情况，我真的没资格不努力。我们公司经常需要加班，为了多拿点加班费，这几个月来我没有休息过一天。为了能有更好的发展，我自己掏钱报了几个培训班，每天我不是在工作，就是在为工作做准备，可即便我如此努力，我发现，我的生活一点好转的迹象也没有，心真的好累。"

我算是一个不错的倾听者，但并不擅长安慰人。

我对他说："如果你感到累了，那就停下来歇歇，然后再出发，不要质疑努力的意义。一来，除了努力，你似乎没有更好的选择；二来，如果你能保持这样的成长节奏，每天进步一点点，给自己些许耐心和信心，我相信你一定会得到回报的。"

两年后的一次聊天，得知他已经在济南市买了房，虽然不是在繁华的深圳，但毕竟是在一个省会城市有了属于自己的家。

而更可喜的是，他有了自己的公司，业务运营良好，事业趋于稳定，一切在朝着美好的轨迹发展。

美好的人生并非遥不可及，哪怕你的处境再糟糕，只要你能每天成长一点点，每天向上一点点，终有一天，你会过上自己想要的那种生活。

这就是努力成长的意义。

1.量变引起质变，别小看点滴的成长

古人云："不积跬步，无以至千里；不积小流，无以成江海。"

这是出自荀子《劝学篇》里的一句话，意思是说：没有一小步一小步的积累，就没办法到达千里之外的地方；没有一条条小河流的聚集，那么就没办法汇成浩瀚无际的江海。

我之所以认定这位读者终有一日能拥有他想要的生活，是因为我相信坚持成长的力量。

虽然每天成长一点点看起来收效甚微，但只要坚持下去，积累到一定程度，当量变引起质变的时候，其所爆发出来的能量往往是很惊人的。

但是，在今天这个物欲横流、光速发展的时代，这种一点点向上成长的处世方式显得极为"笨拙"，不少人对此颇为不屑，瞧不起，看不上。

做自媒体这几年，我遇到不少前来交流的读者。坦白地讲，有不少读者的价值观是很有问题的。

在他们看来，一口吃成胖子是完全有可能实现的。很多人过于追求走捷径，总想着一步登天，做着一夜暴富的美梦，无视事物成长和发展的必然规律。

其实我并不反对一个人想办法走捷径，能做到高效和聪明的努力，这是一种很了不起的才华；我也并不否认这世界上确实是存在捷径的，正如小米的创始人雷军的那句名言："站在风口上，猪都可以飞起来。"

但是，有两个问题不得不去考虑：一是，一旦这股风过去了，那么这只飞起来的猪就会摔下来；二是，一般人很难能看到这股风，并且你根本无法预知它到底能刮多久，是一天，还是一个月。

很现实的一种情况是：无论哪个行业，那些能长久屹立不倒的人和企业往往看起来是很笨拙的，而那些看似很聪明机灵的人，通常走不了太远。

这让我想起曾国藩曾说过的一句话："天下之至拙，能胜天下之至巧。"

实际上，那些懂得暗暗下笨功夫，有耐心一点点成长，稳扎稳打的人才是真正聪明的人，他们往往深知厚积薄发的道理。

厚积薄发的力量到底有多强大呢？

有一个很有意思的等式，不妨来看一下：$1.01^{365}=37.78$；$0.99^{365}=$

0.03。从表面上看，1.01和0.99的差距是微乎其微的，但前者每天成长进步一点点，后者每天倒退一点点，日复一日，年复一年，这两者之间的差距就会变得很大，有着天壤之别。再来深挖一下，以1.02和0.98为例，它们之间的原始差距也很小，但经过时间的积累，其结果是这样的：1.02^{365}=1377.41；0.98^{365}=0.0006。

很多时候，其实并不是成长没有意义，而是还没有达到一定的程度，还不能引起质变，还需要持续积累，不断成长。

所以，千万不要小看人生路上那一点一滴的进步，不要小看那些埋头专注成长、暗下笨功夫的人，这些人才真正能成事，能走得远。

2.人生即修行，进一寸有一寸的欢喜

从经济的角度来讲，坚持成长的意义在于可以帮助我们改写人生，扭转乾坤，能让我们拥有更好的生活。但在我看来，成长的意义远不止于此。

泰国的公益短片素以蕴意深刻而著称，我曾经看过一则关于孩子成长的小短片，受益良多。

短片讲的是，有个小男孩很喜欢踢足球，但无奈天赋平平，基本功也不太好，所以自己颇为沮丧。幸运的是，他有一个优秀的妈妈，一直不断地鼓励他。

在妈妈的鼓励下，小男孩重新燃起信心，每天坚持对自己的弱项刻意练习，一天天强大了起来，最终在比赛中，他用自己原本最不擅长的头球方式破门得分，帮助球队赢得了比赛。

故事很简单，但这位小男孩的妈妈有句话却并不简单。

她说："我可能不是最好的妈妈，因为我并不是想孩子总要得第一名，我只是希望他能每天超越自己一点点。"

在我看来，成长最高级的意义就在于不断挑战自己，超越自己，所得到的功名利禄其实只是成长过程中的奖品罢了。

白岩松说："很多人问我，哪个项目和人生最为相似，我认为是跳高。即便只剩下最后一个选手，即便你已经获得了最终的掌声，你也仍然要把横杆再升高一厘米，进行又一次的冲刺。跳高就是一种这样的运动，一定要以最后一次的失败来宣告成功。"

以挑战失败来宣告成功，这是跳高的规则，也是一个人成长的终极状态，所以在成长的路上，没有真正的失败者，只有挑战者。

常有人将人生比作一场修行，一个真正优质的人生其实就是不断自我完善、升级的过程，只有更好，没有最好，永远没有上限。

正如胡适先生在谈到读书问题时说过的一句话："怕什么真理无穷，进一寸有一寸的欢喜。"

求知如此，人生路上的成长亦是如此，进一寸有一寸的欢喜，无问结果和尽头。

如果你不快乐，那我祝你平安

作者：小强大人

如果生活没什么波折，便觉得拥有的一切是理所应当的。然后，对于那些想得却还未得的一切感到焦虑。总觉得别人的是最好的，从而忽视自己已有的一切。

在电影《你好布拉德》里，陷入中年危机的布拉德整日因为曾经的同窗好友的优秀而陷入自卑：有同学坐私人飞机，自己买的却是特价机票；有同学40岁就卖掉了自己的科技公司，然后在沙滩上悠闲度日，而自己还在为非营利组织的业务而四处奔波；有同学满世界地演讲，在白宫工作，还在哈佛当教授，获得了所有人的尊重，而自己在晚宴上却赢不到五分钟的尊重。

明知道这样比较是一件很愚蠢的事，因为这样做的时候，便会感到自己的失败，并且会随着时间的流逝而越发觉得自己糟糕。

当布拉德把这些和正在哈佛读大学的女孩说的时候，那女孩说了一段话让我很是触动，她说："我觉得你很幸运，到50岁了也依旧认为这个世界为你而转，你是否有了解过真正的贫穷，当我去印度德里妈妈家的时候，看到那边有许多人每天靠着2美元而生活，他们没有抱怨晚宴上被人忽略，他们能吃上饭就已经很开心了，别让我为你感到难过，你过得挺好的了，你拥有的已经足够了。"

哈佛女孩的这些话明明是对着布拉德说的，却像是唤醒了我。是的，我还没有到中年，却也有了许多危机感，这样的危机感来自我身边那些优秀的同龄人。我看到高中同学成为网红，开了自己的淘宝店，甚至有了自己的工作室；同在上海的大学校友自己租下了一间办公室开始打拼；就连福布斯90后影响力排行榜这样看上去离我遥远的排名，上面也赫然有着我两个朋友的头像。

和布拉德一样，在发现身边的人如此成功之后，我的内心是恐慌的，总感觉自己不如人，没钱、没权、没背景、没名誉。溃败感时常在深夜袭来，让我辗转难眠。

可是哈佛女孩的一席话也将我惊醒。回顾自己的生活，我所拥有的至少能让我过着看上去还算舒服的生活，吃火锅、逛街、看展，其实我已然足够幸运。

危机的来源从来不在于别人怎么看待你，而在于你怎么看待自己的生活。这个世界上，真正比你困难的人太多太多。

就如《无问西东》里有句台词："世界很美好，世道很艰难。"

生活中有一幕艰难的画面至今在我脑海里挥之不去：那天上班路上，等红灯的时候，我看到一个中年女人站在马路中央，一辆后八轮正常往前开着，她突然朝着那辆车径直走去。后八轮一个猛刹车，那女子就坐在了地上。一开始，我还以为是碰瓷什么的。等到绿灯亮了，我走到马路中央，才发现那个女子一边号啕大哭，一边用嘶哑的声音呐喊着："撞死我吧，我不想活了啊。"听上去是那样撕心裂肺。

马路很短，我走到了对面，回头看，她依旧在车流中穿梭，全身散发着绝望。

我不知道到底是怎样的悲伤让她做出了这样的举动。我只知道，她一定经历了什么难以想象的痛苦。

生活实苦，我们每个人经历着或多或少难以想象的痛苦，可生活还是要继续，就像《岛上书店》中的一句话："只要活着，就会有好事发生。"

这让我想到了那年夏天，公司去宁波团建。

当时是8月的酷暑天气，我们包了一辆车，配备了一个司机和一个导游，我们总是走走停停，比如中午吃完饭，参观了个景点，如果觉得累，就回酒店休息，等待晚上的再一次召集。

我们压根儿没去想过一个问题，就是在我们休息或者玩耍的时候，导游和司机在哪里，做什么。

正巧在酒店休息的同事发现自己的手机落在车上了，就给导游打电话问他们在哪儿，导游说他们就在地下车库，下来就能看到。

据同事后来的描述，她找到了我们的车，上车的时候，一阵闷热扑面而来，导游为了节省点钱，在地下车库里也没开空调，就那么安静地躺在车里，尽量减少活动来缓解炎热。

当我听到这事的时候，觉得特别揪心。

那是8月中旬，最热的时候，地下车库没有通风处，很闷热，他们一待就是一下午。

而我们在空调开到最冷的房间里，盖着被子睡着觉。

哪怕如此辛苦，可是每一次见到我们的时候，他们依旧乐呵呵的，没有任何抱怨，仿佛他们也在酒店好好休息了一番。

在我看来，夏天里没有空调的地方都是折磨人的。有时候，从地铁到公司那短短的十几分钟暴晒就已经让人受不了了，更何况那些在户外工作的人。例如，在马路中间修柏油地的工人们，在工地里戴着安全帽的施工者，在每一栋高楼大厦外擦窗的"蜘蛛侠"，在火车站门口顶着烈日卖2块钱矿泉水的小贩……

每次快到公司的时候，就可以看到入口处的岗亭站着穿西装的保安，迎着太阳接待每一个来客。

岗亭的遮阳伞很小，他们总是有一半身体是被阳光直射的，也不知道在西装下的皮肤出了多少汗。更让人感到过意不去的是，保安还会在你经过的时候，对你投以微笑，我也会不好意思地点头致意。

为什么会感到不好意思？大概是觉得自己还比不过一个保安，哪怕烈日当头，也依旧能露出微笑。

现代人的崩溃是悄无声息的。

因为你不知道，他在这次崩溃之前，忍住了多少次的眼泪，可就这一次，他想放肆哭一场。

你问你的朋友，最近好吗？

他可能会说，还行吧。

可是你不知道的是，他可能过得一点也不好。

就比如说闰土，我在考研时就认识的朋友，每天嘻嘻哈哈，只要有他的聚会，就从来不会感觉到无聊，所以我总是喜欢和他在一起玩。

他就是那种仿佛永远快乐并且让你也觉得快乐的人。所以那天吃火锅的时候，他突然和我说，“阿强，我得了抑郁症”，我还以为他在开玩笑。

我停住了准备去夹牛肉的筷子，看着他，问他是不是真的。他和我说，他经常整晚睡不着，只有靠着药物，才能不胡思乱想，他甚至和我说，有时候觉得自残也挺爽的。

那一瞬间，我真的愣住了。我总以为抑郁症离我很远，没想到居然这么近。我不知道该怎样安慰他，或许展示得和之前一样才是最大的安慰。我表面上看似淡定地继续吃火锅，问他具体的情况，其实内心早已心疼不已。

没有发生在自己身上的事情，无法感同身受地表达，但因为是亲近之人的经历，而觉得人生真的很艰难。

每一个人都有自己想要隐藏起来的那一面，每一个人都有自己的悲伤和痛苦，不表达不代表没有。

那一个刚和你开心地说过再见的人，可能转身就打开手机，给某个人发着“我很想你，你在哪里”的微信；那一个你认为受人欢迎的交际达人，可能每天翻遍通讯录也找不到一个可以真正交心的朋友；那一个和你说最近生活还行的朋友，可能正为明天即将要还的蚂蚁花呗而焦虑不安。

我们都有自己的隐疾，也都有自己的软肋；有自己的不堪，也有自己的骄傲。

我们凭着一丝倔强，熬过艰难的一天，然后又靠着幽默来打趣当年的煎熬。

还记得俞敏洪说：昨天很痛苦，今天很痛苦，明天更痛苦！但是后天会很美好。只是大多数人都死在“明天晚上”。

那些当下看来比天塌了还痛苦的折磨，最后会变成这仅此一次的人生路上宝贵的回忆。

那些当初认为是压倒骆驼的最后一根稻草，到最后，也只是能笑着讲出来的趣事。

在这个世界上，总有人承受着你想象不到的痛苦和折磨，总有人比你还惨，却依旧乐观地活了下去。

没有人是真正的绝对快乐，快乐从来是自己给的。

正如迟子建的一句话：“出了这个门，有人遭遇风雪，有人逢着彩虹；有人看见虎狼，有人逢着羔羊；有人在春天里发抖，有人在冬天里歌唱。浮沉烟云，总归幻象。悲苦是蜜，全凭心酿。”

没有谁的生活轻而易举，在生活面前，我们都是摸索着前行。总会有一个更优秀的你，在你尚未抵达的终点等着你，你终会到达那里，笑一笑地提起曾经不那么容易的生活。而我们这一生都在做的就是在无数个普普通通的日子里，把苦痛熬成甘甜，全力以赴，好好生活。

其实，正如开头提到的，布拉德意识不到自己已经享有的一切是多么幸运，我们也同样意识不到其实现在是我们往后余生中最好的年纪，身体安康、亲人健在、现世安稳。可惜我们意识不到自己已经拥有的美好，总因为一点小事，心情就一团糟。

做人要有几分孩子气

作者：长歌

有人说：“成长是一笔交易，我们都用朴素的童真与未经人事的洁白交换长大的勇气。”年岁渐长，我们一点点长大，一点点成熟，一点点丢掉自己的孩子气。我们越来越圆滑，越来越世故。生活也不再有小时候的快乐。

做人要有几分孩子气。保留一份孩子的童心，才能保留一份真诚和快乐。

1.孩子气是真实与坦率

陶行知先生曾说：“往往大人写几千字的文章，虽无错字，或不通之处，但是无趣味无价值。孩子写得很短，许有错字或不通之处，但颇有意思，因为他是真的。”

孩子气是一种真诚。随着年龄慢慢长大，我们开始学会编织谎言，隐藏自己；我们开始言不由衷，言行不一，一点点丢掉了那个真实的自己。

苏轼小时候，母亲教他读书。读到《范滂传》的时候，苏轼深受感动，立志要成为范滂那样忠义正直的人。长大之后，苏轼被迫卷入党争。王安石当政，推行新法，他与王安石争执，认为新法害民；司马光上台，废尽新法，他与司马光争吵，认为旧法腐败。他在地方上待了十几年，对新法旧法的利弊了如指掌。新法有问题，他要指出来；旧法有问题，他也不愿隐瞒。他不站队，不结党，始终对事不对人。无论何时，都保持着一份真实与坦荡。

李贽说："童心者，真心也……若失却童心，便失却真心；失却真心，便失却真人，人而非真，全不复有初矣。"人生几十年，如果不能按照自己的内心去活，实在是太累了。真实是人生的根基，失了根基，人生不过是虚无缥缈的空中楼阁。保持一份真诚，问心无愧，坦坦荡荡，才是人生最大的幸运。

2.孩子气是一种简单的富足

孩童时代，没有生活的压力，没有名利的困扰。一个沙堆、一个玩具，就能开心半天。长大了，想要的东西越来越多，烦恼也越来越多。《道德经》里讲："知足者富。"膨胀的欲望让人永不满足，这是痛苦的源头。懂得知足，才是真正的富足。

苏轼被贬到黄州之后，生活一度困顿，没有收入，全靠积蓄过活。过去的优渥生活与苏轼绝缘，但是苏轼却没有抱怨。

他在黄州城东开辟了一块荒地，取名“东坡”。他建筑房屋、自己打井、移栽树苗、筑造水坝、春种秋收，俨然老农一般。“去年东坡拾瓦砾，自种黄桑三百尺。今年刈草盖雪堂，日炙风吹面如墨。”他顶着太阳，耕田、插秧、灌溉，扶着牛犁，在山野中耕田。看到地上冒出青苗，他会欢喜得像个孩子；看到稻穗饱满，他会得意满足。

东坡在田里耕作，越来越觉得自己像当年避世隐居的陶渊明，他甚至把陶渊明的《归去来兮辞》改编成一首歌，然后教给一起耕作的人。他自己拿着小棍，在牛角上打着拍子，和大家一起唱，一时间，山野之中到处是欢声笑语。

《道德经》里讲：“祸莫大于不知足，咎莫大于欲得，故知足之足，常足矣。”一个人快乐与否，不在于他到底拥有多少，而在于他是否知足。膨胀的欲望是祸患的源头，活得简单一点，欲求少一点，才能有一份真正的快乐。不要总是想着赚钱出名，懂得知足就是最大的幸福。

3.孩子气是一种豁达

周国平说：“凡童心不灭的人，必定对人生有着相当的彻悟。”

黄州地处偏远，很少有羊肉卖。仅有的羊肉被达官贵人买去了，苏轼想解馋，于是他就去买别人不要的羊脊骨。他把羊骨放在火上烤，然后洒烧酒、撒调料，吃得津津有味。他在信中对弟弟夸耀，这样做出来的羊骨头，里面的骨髓比海鲜还好吃，就是旁边的狗不太开心。

无论生活多么艰难，苏轼都能笑得出来。他把身外之物看得很轻，安然自若地享受当下的美好。**我们都想变成没心没肺的孩子，却最终活成了患得患失的大人。大人有太多的放不下、看不开，所以才活得那么累。**

老子说："常德不离，复归于婴儿。"永恒的德不离开，复归到婴儿的纯真状态。保持一颗童心，保持纯真自然的天性，抛却计较得失，才能活得洒脱。

4.孩子气是对生活的热爱

小时候，日子漫长得好像没有尽头。随着长大，日子陡然加快，一晃之间，鬓边竟已有了白发。

小时候，我们对这个世界充满了好奇，没日没夜地探索，日子每天都是新的。但是长大之后，工作生活两点一线，日复一日，每天在自我重复，数十年如一日，怎会不觉得光阴易逝？

年纪渐长，我们经历过挫折，明白了人心的复杂，知道了世界的功利和冷漠。对世界的好奇心越来越少，对生活的热爱也越发少了。罗曼·罗兰说：真正的英雄，是知道生活的真相之后，依然热爱生活，纯真，就是这份不变的热爱。

苏轼一生仕途不顺，半辈子在贬谪的路上。但是他读书、绘画、书法、学医、厨艺、耕地、政务、水利，一个也没落下。他的诗歌至今有人传唱，他的《寒食帖》被誉为"天下第三行书"，他的东坡肉收入中华民族的美食食谱，西湖的苏堤至今矗立，海南的学堂依然有他的传说。

对生活巨大的热情，让苏轼没有被政坛的风雨所淹没，反而活得津津有味。童心不是一种年龄，而是一种能力，一种对生活保持热情的能力。人生的兴趣与爱好充实着他们，支撑着他们。他们的生活丰富而精彩，不会被打垮，更不会轻易老去。

每一个大人都应该向孩子学习，学习一份真诚与简单，学习一份热情与豁达，学习一份孩子气。孩子气是一个人的福气，让他们永葆天真，简单而快乐。

所有的逆袭，都是有备而来

作者：晏凌羊

01

我出生在云南一个国家级贫困县下辖的小村庄里，父母都是农民，我甚至连“小镇姑娘”都算不上。

小时候，家中的经济状况总是捉襟见肘。

上小学时，我们家是全村少数几家用不起电、买不起书桌的人家。我时常趴在母亲的陪嫁衣箱上写作业，煤油灯就放在衣箱上面，稍不留意，我就能闻到头发被煤油灯烧焦的气味。

儿童节文艺汇演，我需要一条裙子，可家里没钱买，我妈就把坏了的雨伞的伞面拆下来给我缝制了一条。塑料凉鞋穿烂了，没钱买新的，我爸就用烧红的铁片把断了的地方粘合起来。

我们全家经济状况稍微改善一些，是在我大学毕业参加工作以后。

高考在某种程度上改变了我的命运，我当时考了全市文科第一，得到了有生以来的第一笔奖金。奖励仪式的前一天，学校老师通知我说，电视台会去拍几个镜头，希望我穿得体面一些。我火速跑去农贸市场买了一件衣服，那件衣服的价格我至今记得，25元，当时是2001年，那是我17岁之前买过的最贵的一件衣服。

上大学，是我头一次去大城市，头一次出省。很多人根本想象不到，城市文明对我这种乡巴佬，会造成多大的心理冲击。

我没见过、没穿过羽绒服，不知道世界上有空调、暖气片。我也没见过、没用过抽水马桶，上完厕所不知道按哪个按钮冲水，在厕所里急得满头大汗，又不好意思问人。我没见过、没坐过火车、地铁、飞机，第一次去天安门广场只顾着感慨：北京真大，北京的人真多，别人怎么都那么有钱。

上大学期间，我所有的学费、生活费都是贷款得来的，整个大学期间没花过家里一分钱。毕业后，当跟我一起参加工作的同事已经开始攒钱做投资、买房的时候，我每个月领到工资后的第一件事是偿还助学贷款。

跟朋友们讲起这件事时，我总是自嘲说："别人毕业后就开始打地基建房子，而我得先填坑。等我把坑填满了，准备开始打地基建房子了，发现别人建的房子已经两层楼高了。"

2010年，我在广州买了第一套房子，位于市中心，很小，照例没花家里一分钱。而我身边的有些同龄人，则因为家里帮扶，早就在房价飙升之前买了大房子。十年过去，当初买房产生的财富效应，大家都看到了。

出身不同，人生的起点就完全不同。一个富二代什么都不做，他拥有的财富可能就够你奋斗几十年。如果你的出身不好，你就没办法借力，在城市里打拼，一切只能靠自己。你必须比别人跑得更快、坚持得更久，才能和别人站在相同的位置上。

努力赶超的过程是一个漫长的过程，你先要花很多年的时间，弥补上一代造成的资源差距，然后还要花很多年时间才能赶上周围的人。弥补这些劣势，有人需要五年，有人需要十年，有人需要二十年。如果出身比你好的人，比你还努力，那你只有被碾压的份。

02

大多数出身不好的人内心都会认为：我们要付出更多的努力，在原则性的问题上不能轻易犯错，才能拥有一个更好的人生。

也许正是因为这样，我早早接受了我的出身，接受了自己的人生负荷比较沉重的事实，接受了自己在很多事情上确实不够幸运，并且承担起它们带给我的后果，想办法寻求改变。

高三的时候，我几乎从不午休，从没在晚上12点前入睡过。即使放假回到家，我做的寒暑假作业，也是别人的两三倍。除了老师布置的作业外，我还给自己层层加码。

我深知自己并不是很聪明，从来没有过目不忘的本事，所以像政治、历史等文科课程，我用的是最笨的办法：背诵。仅《中国现代史》一本课本，我就来来回回翻看了27遍，以至于到了高考前，我甚至清楚地记得哪一张历史插图大概在哪一段文字下面。

上大学后，家里给不了我一分钱，我靠助学贷款完成学业，连生活费也靠贷款得来。当时我每个月生活费250元，省吃俭用，从不下馆子，很少出去玩，并积极寻找各类兼职。

婚恋路上，我也没少吃苦。或许是我眼光不行，或许是我有性格缺陷却不自知，我没能收获一份美满的婚姻，但是那些"前任"带给我的伤害，最终都变成了我的稿费。我出版了几本书，成了情感励志畅销书作者，拥有了很多喜欢我的读者。

后来，我从体制内离职开始创业，成了一家公司的创始人。

有时候，我也会回想起在稻田里劳作的那个十来岁的自己，然后恍恍惚惚地觉得眼前的生活有些不真实。

如今的我，可以带着女儿飞去世界各地旅游，可以在全国的新华书店里看到我自己写的书被售卖，可以跟那些我曾经仰视的人坐在一起喝咖啡，而这些，是那个十来岁的农村姑娘完全无法想象的事。

回首这些年，我遇到过无数艰辛，但不管经历多少次挫折、多少次失败，我都会逼着自己咬牙坚持，摔倒了也要提着裙角勇敢站起来，即使带着满身泥泞也要继续向前奔跑。我觉得，只要命运还没有打算从肉体上消灭我，就是在给我从头再来、勇敢前行的机会。

我很庆幸，我一直走在“自我优化”的路上，一直在试图远离那个糟糕的自己，一直在尝试蜕变成一个更好的人。

对每个人来讲，人生都是一条时高时低的波浪线。只要生命不止，它就一直在波动。如果此时，我们没有站在高点，可能就是还不够努力，还没到时间，那么我们唯一要做的就是永不放弃，继续努力。也许在未来的某天，或许是下个月，或许是下一年，你渴望的结果就会如期到来。即使不来也没关系，继续努力，走过低谷，人生的这条波浪线总会往上走。

这些年，我也深切感受到，一个不大好的出身带给我的，不仅仅是经济条件上的困窘，还包括思维和性格里的局限。我一路横冲直撞、野蛮生长，走过很多弯路、流了很多血泪，尝试去重塑自我，重新打造一个更丰盛的人生。

在人生的某个阶段，我很羡慕那些比我出身好的人。可是现在，我不羡慕了。

很多人不停地埋怨自己出身差，却缺乏“重建自己”的行动力。与其说他们命不好，不如说他们缺乏改变自己的勇气和力量。

让一个人打碎自我，逼着自己离开原本熟悉的环境，是很难的。

这需要非凡的决断力、觉知力、勇气和毅力，而我还是那句话：**你不舍得对自己狠，世界就会对你狠。与其坐等命运的凶狠，还不如先自我重塑、自我优化。**

人们经常口头上喊着要超越别人，其实我们最应该先超越的是自己。只有你战胜了自己，你才可能有赢过别人的胜算。为什么？因为百分之九十以上的人，都止步于“战胜自己”这个阶段。如果你有勇气做那百分之十，你就是赢家。

我始终相信，不管这世界多么不公平，它还是向勤奋、肯干的人敞开的。毕竟像我这样出身的农村娃，都能凭借着自己的努力，在一线城市扎根下来并生活得很好。

这不是“幸存者偏差”，这只是“天道酬勤亦酬勇”。

你敢，所以你值得。

用责任去谋生，让喜欢变成热爱

作者：马梦舒

这几年，“副业刚需”一词大火，从明星到普通人，开启了人生备选方案。我的朋友中也有很多人做副业，其中做得最好的是阿辰。

阿辰的本职是在小公司做行政工作，每天忙忙碌碌，却只月入3000元，勉强饿不死。于是她就挤出时间写文投稿，很快，她成了几个头部情感大号的签约写手。每月的稿费是工资的好几倍。年初，她又开了付费社群，做得风生水起，每日忙得不可开交。

我们都劝她从小公司辞职，专心做自己的事业。毕竟主业占用的时间很多，创造的价值却不成比例。阿辰自己却不愿意，而是花钱雇了个助理，帮自己打理社群。

阿辰解释说：“我不想把爱好拿来谋生，因为我害怕生活压力会磨掉我对写作的热爱。”

谋生和爱好真的势不两立吗？

1.没有一份爱好，本意是为了谋生

我的表姐陈岚从小就是“别人家的孩子”。她生得很美，又喜欢弹钢琴，而且是极难得的那种既有天分又肯刻苦的小孩。

小孩子都贪玩，而她却不需要父母的催促，每天自觉练琴。小小年纪就过了钢琴十级，各种奖项拿到手软。不止一个老师夸奖表姐说，如果她愿意，以后会是一个很好的钢琴演奏家。

亲戚朋友们以为表姐一定会顺理成章地报考钢琴专业，以后从事钢琴表演。却不料高考的时候，表姐填报的志愿一水儿是人力资源管理、国际经济与贸易和法学这些常规专业，与钢琴没有任何关系。

亲戚们都替她惋惜，毕竟多年来，表姐为钢琴付出了太多。而表姐却很坦然。她说：“有一次，当我看见我的钢琴老师因为没招到足够的学生，交不起房租时，我就决定这辈子不靠钢琴来谋生。我只喜欢弹奏钢琴时的安静和沉醉，却不想让任何琐碎的事情毁掉这份单纯的美好。”

爱好是人对美好事物发自内心的热爱。它就像爱情，不知所起，却足够心动。也许某一刻，你会因一段旋律而莫名欢喜；也许某一时，你会被一抹晚霞震撼心神；也许某一天，你修理闹钟，却发觉齿轮的咬合如此迷人；也许某一日，你初学做饭，对各种食材的组合迷恋不已。

你因心悦而喜欢，因喜欢而爱好，没有一个爱好产生的初心是为了谋生。

2.当爱好变成谋生的手段，热爱就变成了压力

同事阿非是公司里最爱茶的人。他不但爱喝茶，更爱钻研茶。

六大茶类，数百种茶叶，他能如数家珍。配套器皿，冲泡要领，他讲起来头头是道。去茶馆时，他泡茶的动作比茶艺师还专业。品起茶来，他比茶馆老板还知道来龙去脉。

我们开玩笑说："阿非做业务员真是可惜了，你应该去开茶馆，那一定会是本市最好的茶馆。"阿非也十分自得，直呼现在的工作埋没了他的天分。

年初，阿非和老板因为一个客户的投诉而吵得不可开交。一气之下，他真的辞了职，租了个门头，开起茶馆。阿非对茶馆投注了不少心血，不但装修十分有韵味，特意选了青石铺地，原木桌椅，还在西墙开了个大大的月洞窗。茶选得更是十分精心，既有本市茶馆热卖的常见茶，也有自己通过关系弄到的稀缺名茶。去过的同事都对茶馆赞不绝口。

不料没过两个月，阿非就转让了茶馆，自己重新应聘做业务员。有人问起原因，阿非长叹一声说："我原以为开茶馆就是每天品品茶、聊聊天，又清闲又体面。可这一个月，每天我睁开眼睛，想的就是昨天的流水还不够房租，员工工资还没着落。到了店里，不是这款茶缺货，就是那款茶积压。有时候还会碰到难缠的客人。每天都是这些破事，哪里有心思安安静静喝一壶茶。"

我们总是憧憬每天能做自己最喜欢的事。但是我们却忘记了，爱好是梦里的诗和远方，谋生却是现实的苟且。当爱好变成了谋生的手

段，热爱就变成了压力。

不是所有人都能承受这份压力，把压力变成动力。更多的人是在压力下，忘记了简单的初心；在琐碎中，迷失了当初的快乐。

3.舒服的人生，用责任去谋生，让喜欢变成热爱

刘慈欣曾在一档访谈节目里谈起他创作《三体》时的经历。那时，他在一个国企单位上班，工作不多，几乎没什么事情。于是他就一边在办公室里清闲工作赚工资，一边摸鱼写作。

此言一出，酸倒了一众被“996”压迫的上班族。有人酸溜溜地评论，如果刘慈欣成天为了三餐而发愁，大概他早就改行了。如果《三体》是网文小说，每天要比拼订阅量和阅读量，故事便未必能写得这么深刻。

可惜刘慈欣的经历只是一个属于时代的特例，普通人的日常还是要每天为了生存而拼死拼活。因此，选择用什么职业来谋生就至关重要。

有人曾说，想要做好一件事情，一定要先热爱它，只有热爱，才能做到极致，只有做到极致，才能实现成功。所以，一定要选择自己喜欢的事情作为职业。

道理很正确，可现实是，由于天赋的不同和资源的不平衡，只有极少数的人能够出类拔萃。大多数人拼尽全力，也只能做到平凡。而在喜欢和擅长的领域遭受失败，比在别的领域遭受失败更受打击。

这个世界上，能够像李安和张艺谋那样兼有天赋和努力，能把爱好走到巅峰的人凤毛麟角。更多的人是没得病前的余欢水，在一日日平凡而重复的工作中消磨掉激情，只凭着一份对家人和对单位的责任感咬牙死撑，艰难谋生。

若你的天赋不够出类拔萃，你的努力也做不到拼尽全力，那么最适合你的人生道路就是用责任感来谋生，尽量把工作做好，用稳定的收入保障自己和家人的温饱。再用业余时间，单纯地喜欢你的爱好。既可以孜孜不倦深入研究，有机会在喜欢的领域大放异彩，从此开启新的人生，也可以浅尝辄止娱乐本心，只求在被生活碾压到体无完肤时，留一片真正喜欢的领域，找回自我。

这样的人生也许不够出类拔萃，却能让自己的余生过得舒适。

第五章

别让相爱败给相处

我一直在寻找一种感觉，
那种在寒冷日子里，
牵起一双温暖的手，
踏实向前走的感觉。

眼睛识人面，时间验人心

作者：师父曰

有句话说得很好："这世上所有好的感情，都必然经得起时间的检验。"时间，看似无情，却最公正。时间如镜，能显露真心；时间如筛，会筛选真情。

回头看一下你身边，那些留在你身边陪伴你的人，是不是就是你生命中最真的人？

1.时间，带不走真正的爱人

很喜欢纳兰性德的词《木兰花令·拟古决绝词》中的"人生若只如初见，何事秋风悲画扇。等闲变却故人心，却道故人心易变。"每次读到这两句词，都会莫名感伤。

都说相爱容易，相守难。爱一个人很容易，但爱一个人一辈子却很难。

经常听到许多步入婚姻的朋友抱怨说：“明明婚前我们那么相爱，为什么婚后的日子却过成了一地鸡毛？”

是相爱的那个人变了吗？我想不是的。婚前我们展示给对方看的都是最美好的样子，但婚后却不同。

当我们逐渐向对方暴露出自己的各种缺点，当我们不能跟对方的“缺点”友好相处时，我们的婚姻就很容易走到尽头。

并不是人变了，而是时间让你看清了一个人。人心并不易变，只是难以看清。他对你是真是假，只能通过时间来检验。

大家还记得70年代中国台湾第一美人胡因梦吧！在那个年代，胡因梦的容貌和才华都堪称完美，她是世间男子的梦中情人。李敖对她更是一见钟情，为了和她结婚，不惜折损210万台币给当时的女友做分手费。但婚后，他们两个人最真实的一面开始一一显露。李敖看不惯胡因梦在家里光脚走路，还嫌弃她不会下厨做饭。就因为忍受不了女神这不完美的一面，他们这段婚姻只维持了115天。

想想也是相当可笑的。爱情是一时的激情，婚姻却是长期的磨合。

词坛泰斗乔羽先生和夫人曾做客访谈节目《夫妻剧场》，主持人便问他们“相濡以沫、白头偕老”的秘诀。

乔老先生笑着答道：“一个字——忍！”他的夫人又马上抢答道：“我是四个字——一忍再忍！”

一个真正爱你的人，肯定愿意忍受和包容你的所有缺点。

刘嘉玲也曾在一档节目中吐槽过梁朝伟的各种缺点：不做家务、生活挑剔、不合群，就连他们的婚礼，所有流程的策划安排都是刘嘉玲一手包办的，梁朝伟只在恰当的时候出现，完成他新郎的角色。但尽管这样，刘嘉玲依旧无怨无悔地陪在梁朝伟身边20多年，像她自己说的："长久的婚姻，肯定是相互的忍耐。"

那些留不住的爱人，并不是被时间冲淡了感情，而是双方都还学不会忍耐。即便是再合适的人，也需要在漫长的岁月里彼此忍耐，互相饶恕，两相宽悯。

就像毕淑敏说的："忍耐一个任性的姑娘长成干练的妻子，忍耐一个办事不牢的小伙子成为坚如磐石的汉子，忍耐孩子在啼哭和不断摔跤中长大，忍耐彼此的白发和倦怠，忍耐性格的摩擦和裂变，忍耐孤独与风寒。"

只有这样，你们才能拥有一个长长久久、幸福美满的婚姻。愿你余生，能找到一个愿意互相忍耐，不会被时间带走的爱人。

2.时间，带不走真正的朋友

慢慢长大，我想你我应该都有这样的感受：我们认识的人越来越多，但是能够谈心的却越来越少；朋友圈的微信好友越来越多，但是能够约出来吃顿饭的却越来越少了。

时常会有这样一种感觉，所谓的"朋友"好像渐渐被时间带走了一拨又一拨，不论是距离远了，交集没了，还是联系少了，感情淡了。

人生的每一个分岔路口，好似都有朋友跟我们分道扬镳，渐行渐远……我们总不自觉，为那些流失在岁月长河里的人儿伤怀感慨，但你要知道啊，时间并不会带走真正的朋友。

时间，就像一台巨大的过筛机，它会帮你筛选真情，过滤掉各种因距离太远、三观不合、圈子不同等多种因素而渐行渐远、没那么重要的人。而能够留下来的那些人，就是真正的朋友，无关乎金钱和利益，只有细水长流的陪伴。

时间悄无声息，却能见证真情。

我们家每年冬天，都会收到一块来自4987公里外的自制腊肉，20多年从未间断过。而送腊肉的就是我妈妈的好朋友宋姨。年轻时，她们两个总是形影不离，有共同的爱好、共同的理想，别人都笑称她们是“双生姐妹花”。本来两个人约定好要一起上同一所大学，但高中还没结束，宋姨就被家里安排去国外上大学。后来两人又约定好要在同一天步入婚姻的殿堂，但还是未能如愿。

可就是这样，她们两个人的来往依然不曾间断。宋姨每年过年依然雷打不动地从很远的地方，翻山越岭送来腊肉，有时候还带上一家子的人过来一起吃年夜饭。

我妈妈时常说，她每年最期待的就是与她这位好姐妹见面，唠唠家常，说说生活的烦恼，回忆年少时的那些往事。

走过半生，身边的人来来往往，可是有些人却永远都不会离开。这也印证了一句古话，离开的都是风景，留下的才是人生。

老酒味醇，老友情深。朋友，就像古董，越老越珍贵。如果你这一生，有幸拥有这样的朋友，望你万分珍惜！

3.情难觅，万望珍惜

有一句话说得特别好："真正的感情，经得起争吵，受得了想念，忍得了离别，也熬得过时间。"不管是爱情还是友情，皆是如此。

人和人刚相识的时候，总把最好的一面展现给对方，但相处久了，缺点就会开始暴露。但你要知道，你的缺点也许会赶跑许多人，真正爱你的人，就是把你看透了，依然不会嫌弃你。

时间就是最好的试金石，它会帮你留下最值得的人。那些转身离你远去的人，你不必追；虚情假意待你的人，你也不必为他伤怀。那些经历过风霜雨雪，依然不离不弃、默默陪伴在你身边的人，你一定要用力去珍惜。

时间无言，不会说谎，所以它最真实。愿你相信，时间，一定会帮你留下最真的人！

不接受亲人的不完美其实就是控制欲

作者：闫红

张爱玲的妈妈黄逸梵晚年时听说张爱玲结婚了，高兴地给自己的忘年闺密邢广生写信，说“又免了我一件心愿”。

这几个字，我看了很久，天下妈妈大概都是这个心思，希望女儿能找到一个陪伴她、照顾她的人。但是放在黄逸梵身上却让人感动，又微微有些讶异。此前看了张爱玲太多的吐槽，总觉得她是一个时髦高傲到不大懂得母爱的女人，她还有这份放不下？

如今回过头来再想，真不能说张爱玲的妈妈不爱她。

在经济很拮据的情况下，她给张爱玲请5美元一小时的家教；为了让张爱玲受到很好的教育，她拒绝儿子的投奔；那么矜持的人，去世前曾给张爱玲发电报，想要再见她一面，而张爱玲却只是给她寄了100美元而已。黄逸梵对女儿依旧没有一丝怨恨，她知道，“20世纪，做父母只有责任，没有别的”。最后她将一小箱古董留给了张爱玲。

但我也能够理解张爱玲心中的芥蒂，黄逸梵的问题不在于有没有爱，而在于她做人太紧绷，不能接受家人尤其是女儿的不完美，张爱玲后来活得那样紧张敏感，黄逸梵有很大责任。

张爱玲在那篇《天才梦》里，半开玩笑地说，她16岁时，妈妈从法国回来，将暌违多年的女儿打量了一下，对她说："我懊悔从前小心看护你的伤寒症，我宁愿看你死，不愿看你活着使你自己处处受痛苦。"

看到这里，是不是很想替张爱玲问一句："我到底怎么了？"

张爱玲没这么直接，她只是说母亲给她两年的时间学习适应环境。除了教她洗衣做饭的生存技能，黄逸梵还要张爱玲练习行路的姿势；看人的眼色；照镜子研究面部神态；如果没有幽默天才，千万别说笑话……

最后，黄逸梵还是很失望，张爱玲说："在待人接物的常识方面，我显露出惊人的愚笨。我的两年计划是一个失败的试验。除了使我的思想失去均衡外，我母亲的沉痛警告没有对我产生任何的影响。"

"沉痛"两个字用得很幽默，但黄逸梵和张爱玲只怕都笑不出来。后来，张爱玲一次次描述她当时的那种惶恐，说，母亲总是在盘算，自己为她做的牺牲值得不值得。

张爱玲似乎想多了，但是一个不放松的妈妈给人的压力真大啊！在《今生今世》里，胡兰成将他和张爱玲的关系描述成神仙眷属。换成张爱玲来写，张爱玲总是在猜胡兰成是怎样看她的。这就是少年时留下的心理暗疾，她能从任何人那里看到当年母亲审视自己的眼神，看出自己的不完美。她后来的离群索居很难说不是为了逃避这种审视，起码她无法享受正常的人际关系。

不接受亲人的不完美其实就是控制欲，不只是想控制亲人，更重要的是，想要借此掌控生活。以为把家人的小毛病摘除了，生活就可控了，自己心中的秩序也就能建立了。

可是，生活神出鬼没，根本无序可言。不懂这个道理的，还有贾宝玉的妈妈。

很多人说王夫人如何如何坏，我不太接受，别的不说，她那么讨厌赵姨娘，但对探春尚能区别对待，这就不是每个人能做到的。她能体谅妙玉的孤傲，施舍多年不曾走动的刘姥姥，荣国府上下，谁也说不出她的不好来。

但是假如我们确定《红楼梦》是一部自传体小说，那么就可以知道，贾宝玉对她一定是有怨恨的。

“好好的爷们，都叫你们教坏了！”当着宝玉的面，王夫人给了跟宝玉调情的金钏一耳光，这一耳光应该多少年都在宝玉心头回响吧？王夫人不接受成长中的宝玉在所难免的轻佻，认为他学坏了。她万般警惕，坚壁清野，发愿将一切危险因素剔除干净，驱逐晴雯、芳官一干人等，让大观园的花团锦簇瞬间失色，也让宝玉的华丽青春变成残酷青春。

在王夫人身上，你能看到很多妈妈的影子。她对宝玉也是真爱，各种关怀宠溺，苦口婆心，但她的不接受，使得这一切毁于一旦。懂得接受应该成为一个母亲的基本修养，在这方面，《窗边的小豆豆》做出了教科书般的示范。

我特别特别喜欢《窗边的小豆豆》，因为这本书写得太温柔，也因为那个小豆豆很像童年的我，稀里糊涂的，一天到晚犯错误，而且自己不知道错在哪里。

只是，我小时候每天都要被人们，比如我爸妈和老师，批评上一千遍一万遍，每天都灰头土脸的，那种自卑感到现在还影响着我的言行举止。小豆豆最后却成了非常受人喜欢的电视节目主持人，现在还活跃在屏幕上，我觉得，这跟她妈妈从来都接受她的不完美，或者说，她妈妈没有用世俗世界里的那种完美概念来要求她有关。

其实小豆豆当时的表现比我糟多了，我只是默默犯错，小豆豆却很扰民。上课时，她把桌子上的盖板一次次掀起放下，咣当咣当的，让老师没法儿讲课；有宣传艺人路过窗户，她高兴地跟他们打招呼，艺人也很高兴，单簧管呀、钲呀、鼓呀响起来，在教室窗外展开了盛大演出；她还大声地问候燕子，闹得隔壁班的老师有了意见……老师喊来小豆豆的妈妈，让她把孩子领回去。

小豆豆的妈妈肯定头疼，但是她没跟小豆豆说，担心小豆豆会因为这件事，在心里留下自卑的情结。她只是想方设法地寻找适合小豆豆的学校，而且天才地（虽然有点用词不当，但我觉得她真的很天才）找到了巴学园。

在她心底，小豆豆很完美啊！看着小豆豆打完招呼去上学的背影，妈妈几乎要落下泪来：“谁能想到，这么活泼有礼貌、诚实又快乐的小豆豆，就在不久前，被‘退学’了呢？”不得不说，小豆豆妈妈的这种思维方式真是太棒了，换成一个苛求完美的妈妈，可能就会想，有礼貌有什么用，不守纪律、不好好学习，一切都白搭。

我觉得，正是她妈妈那种温柔的智慧，让小豆豆不恐惧、不焦虑，自然不会进退失据，平添无谓的耗损。在最为轻松的爱里，她可以一路向前奔跑，跑赢世间隐藏的风险。

给予家人轻松感，还能影响到家人的生活态度，触类旁通地化解所有不如意。就像《佐贺的超级阿嬷》里面的那个阿嬷，德永昭广的外婆，一个智慧的老母亲。

德永昭广八岁那年，父亲因受到广岛核弹爆炸后的辐射而去世了，母亲无法照顾他，便将他托付给阿嬷照管。

阿嬷是个穷老婆子，靠打扫卫生谋生，但她很乐观，说：“穷有两种，穷得消沉和穷得开朗，我们是穷得开朗，而且和由富变穷的人不一样，不用担心，因为我们家世世代代都是穷人。穷人习惯穿着脏衣服，淋了雨，坐在地上，摔跤也无所谓。”

德永昭广把考试成绩拿回家：数学1分，社会2分，语文1分，英语1分……

阿嬷笑着说：“不要紧，不要紧，1分2分的，加起来，就有5分啦。”

德永昭广问：“不同科目也能加一起吗？”

她严肃果断地说：“人生就是总和力！”

说得好对。

德永昭广在学校里弄坏了黑板，老师要他赔，阿嬷沉默了一会儿，轻松地说：“事情已经做了，也没办法，我知道了，就赔吧，但是把坏的黑板拿回来吧。”于是那块拿回家的黑板就成了德永昭广和阿嬷的留言板。

除了接受孩子的不完美，阿嬷还教会孩子接受这个世界的不完美，对德永昭广说：“别抱怨冷啊热啊的！夏天要感谢冬天，冬天要感谢夏天。”

德永昭广成名后，又遇到低潮期，阿嬷也有办法帮他打气：“即使有三两个人讨厌你，转过身来还有一亿人。”

阿嬷的乐观不只是安慰到了德永昭广，也给了无数读者面对生活的局限性的力量，将人生的如意和不如意照单全收，用自己的力量，化不完美为“不，完美”。

这样的阿嬷，谁不想有一个呢？不过，活到现在这个年纪，我逐渐懂得了一件事，那就是做什么样的人，比拥有什么样的人更重要。愿你我能够放松心情，学会接受，给予亲人最为轻松的爱意，在有生之年，专心致志地享受生命之美。

婚姻能无语到什么程度?

作者：大将军郭

我有个私人小癖好，那就是一个人吃饭的时候，我总是不自觉地观察周围的情侣和夫妻。积累的样本多了，我逐渐摸索出了一些规律。

01

据我观察，情侣或夫妻一起吃饭的时候，从聊天多少就能看出俩人关系的进展程度，以及感情好不好。

以下总结，欢迎对号入座：

没话找话的尬聊基本是第一次见面或者相亲，且聊的是基本信息或者安全话题。

“工作忙不忙啊？”“有什么休闲爱好啊？”接下来，另一方可能也会按照这个模板讲述一遍。一方说得多，一方说得少的，大概率是追求和试探阶段，谁更走心谁就说得多，且会时不时地迎合和赞赏话少的一方。

俩人聊得不亦乐乎的，要么是水到渠成，即将确定关系，要么是刚开始热恋状态，聊的话题往往是跟两个人有关的，共同参与性很强。

如果聊天恰到好处，不多不少，说明这俩人关系比较稳定，但还没到过于稳定（厌倦）的阶段。他们的话题更日常，还会涉及共同认识的亲戚、朋友之类。

而那些一餐饭俩小时说不上几句话的，多数是老夫老妻。甭管在一起几年、结没结婚，都已经没什么可聊的了，一起吃饭的目的很纯粹，就是一起吃饭，并不是用来灵魂交流的。偶尔说的几句话要么是跟点菜相关，要么是关于接下来要去哪儿等必要的信息交换。

再进一步的话，那些带着小孩吃饭的夫妇就更有意思了。我见过很多次，俩人之间几乎没有任何直接交流，只单方面地跟孩子说话。哪怕不得不跟另一半说点什么，也是让孩子传话，“宝宝，你问问妈妈要不要吃这个”，“你让爸爸喂你喝水”，吃顿饭能把孩子累够呛。

还有一次最神奇，一对年轻情侣，点完菜后，俩人全程无交流，连对视也不存在。女生边吃，边看电视剧，男生也在刷手机，我寻思着这是闹别扭生气了？但结账后，俩人自然而然手牵手一起出了门，表情十分自然，可能这就是人家的日常吧，所谓“食不言，寝不语”？

我一直觉得伴侣间没话说挺尴尬的，想想要跟一个人厮守一生，却没什么话可说，简直太痛苦了。

02

为什么叫“谈恋爱”？没的谈，还怎么恋爱？

当然，两个人在一起也不是要毫无间隙地一直说话，也可以一起参与很多活动，一起做很多事情，但那些共同的事情不也是为了交流创造话题和氛围吗？

多年后，你能回忆起来的有你们一起看过的风景，一起走过的路，一起经历的坎坷。

这些之所以能成为美好的回忆，未必是风景有多美，路途有多特别，而是在这个过程中，你们交汇和互动的瞬间，你们的身心共度和分享过那一刻。

如果你玩你的手机，我想我的心事，那跟报团出行的驴友、同居屋檐下的合租室友有什么区别？

尼采曾说，婚姻生活的其余一切，都是短暂的，在一起的大部分时光，都是在对话中度过的。而没有了对话和交流，婚姻生活不过是徒劳的虚度时光。

你还记得当初为什么跟这个人在一起吗？除了他人好，对你好，还有一个大家都体会过的共同点，那就是你们也能聊得好。

刘震云写过这样一个小故事。一对情侣去民政局领结婚证的时候，遇到一对准备离婚的夫妻。办事员问起办离婚手续的夫妻，为什么要离婚，夫妻答“我们‘说不着’”。办事员又问情侣为什么结婚，情侣答“我们‘说得着’”。

什么是“说得着”？就是聊得来，聊得投机，有话说，有交流。刘震云在小说里也说道：“找一个能说得着的人过一辈子是福分，不管是爱人、朋友，还是亲人。”

世上的人遍地都是，说得着的人千里难寻。

我们苦苦寻觅，明明已经有幸遇到了一个可以说得着的人，为什么却不珍惜？

当曾经的热络变成了现在的沉默，那不是默契，那是冷漠。

现实里，哪有默契到一切尽在不言中的爱侣啊？

还不都是越聊感情越深，越沉默就越疏远？

03

心理学里有个专业名词叫“心血辩护效应”，意思是你在一件事上付出得越多，那你对它的态度就会越喜欢。

付出的“这件事”也可以是沟通和交流，交流得越多，越享受一起分享生活的亲密，而交流得越少，情感链接就越少，对这段感情的态度也会越来越消极。

婚姻能消极到什么程度呢?

我看过一条新闻，美国有个老大爷，和妻子结婚62年，他装了62年的聋哑人。妻子为了跟他交流，努力学习手语，但装聋作哑的老大爷却说他视力不好，看不清，真相是他压根儿不懂手语。直到妻子上网冲浪，无意中刷到一个唱卡拉OK的视频，她这才发现，视频里唱得最火热的就是她的老公，他不仅会说话，唱歌也很不错。62年来，大爷装成聋哑人，只因为嫌弃妻子唠叨，不想跟她说话。

一时之间，我都不知道大爷和大妈谁更可怜，既然大爷那么不想跟对方说话了，干吗还拧巴着在一起?我知道，相处的时间长了，该聊的，过去都聊得差不多了，平时大家也都很忙很累，觉得聊天是一种消耗，但生活仍在继续。

彼此分享生活，不就是爱情的一部分吗?如果连交流也没有了，感情可能真的就冷却了。

最近，我刚读过《李银河说爱情》这本书，里面有讲到好的婚姻是什么样的。李银河提到了她跟王小波结婚后，虽然各自很忙碌，但他们一定会找时间聊一聊最近自己在想什么，遭遇了什么事，王小波把它定义为“倾心之谈”。

“倾心之谈”就是经营感情、维护婚姻的一种很好的方式。

只是在一起久了的情侣夫妻最容易出现交流变少这个问题，却往往一开始没意识到这是一个不健康的信号。

04

不过，我也遇到过反例。上周，我一个人去吃小火锅，回转台对面是一对中年夫妻，四五十岁的样子，说话有口音，应该是两口子一起来京打工。一开始，大姐就委屈巴巴地讲被领班凶了，这么大岁数的人了被小年轻批评，脸上挂不住。

大哥虽然没安慰，但实实在在地给她提建议："要不年后继续做家政得了，没活儿干的时候，至少能坐着歇会儿。"

说起过年，大姐的心情好了一点，念叨着年后女儿就要生孩子了，老两口也要表示表示，大哥也笑呵呵地表态，得让女儿好好坐月子。虽然聊的话题很家常，但看得出俩人感情特别好，丝毫不输给热恋情侣。

我不是以貌取人，说实话，老两口看着也不像经济特别宽裕的样子。都说贫贱夫妻百事哀，但我从他们身上却感受到了久违的积极的达观和幸福感。

物质未必能衡量幸福，但交流一定可以，因为那意味着你的心门永远向对方敞开，你的生活里真的有对方的一席之地。

曾经，演员王志文接受采访的时候被问到为什么还没结婚，他说没遇到合适的人。主持人又问什么样的算合适，王志文说，能随时随地聊天。

我举双手双脚同意，别关闭交流的通道，每一句再平常不过的话语都可以代表"我爱你"。

心比长相好，懂比爱重要

作者：三三

年少时对爱情的理解是你喜欢我，我喜欢你；是见面就小鹿乱撞，没见面就日思夜想；是推开所有的阻力也要在一起的决心，也是认定了就不会轻易说再见的执着。

但是随着年龄的增长，我才发现爱情开始变得世俗。喜不喜欢不再是衡量一段关系的唯一标准，人品、三观、经济能力等会变成条条框框，左右我们的选择。

经历了几段感情之后，我才恍然大悟：心比长相好，懂比爱重要。我始终相信，那个对的人或早或晚，终会抵达。

01

我二姑在八年前就离婚了，之后她就再也没有恋爱过。令人意外的是，最近，她主动在家族群里发了一张自己和男生的合照，然后跟大家说，自己交男朋友了，想结婚了。更让人意想不到的是，他们已经在一起三年了。但这也情有可原。

我二姑和她的前夫是闪婚，在市公园的湖边，两人一见钟情、坠入爱河。半个月不到，他们就偷偷拿着家里的户口本去登记了。

婚后不久，双方的矛盾便开始显现出来。他们总会因为一些小事而争吵，谁也不退让，谁也不妥协。最后，双方疲惫了，吵着吵着就散了。大概是第一段婚姻的冲动，才让二姑变得深思熟虑起来。

我问二姑："这次想好了吗？"

她说："想好了，接触了很久，觉得他性格好，很合适过日子，很踏实。"

二姑没说自己喜不喜欢这个未婚夫，只是强调对方是个能跟自己踏实过日子的人。有一次，二姑加班到半夜才回家。桌子上留着一张字条："菜在电饭煲里，汤在紫砂锅里，明早的面包、牛奶在冰箱里。"刚开始，她以为这个男孩只是一时兴起，可交往的三年中，这样的感动从未间断。

张爱玲曾在书里写："我一直在寻找那种感觉，那种在寒冷日子里，牵起一双温暖的手，踏实向前走的感觉。"

我想，二姑说的就是这种感觉。人越是经历了悲欢离合，越是明白，生活中琐碎的日常和踏实的守候更让人心安。

我们要的婚姻其实很简单：无须轰轰烈烈，只求细水能长流；无须甜言蜜语，只求事事有回应；无须大富大贵，只求安稳又踏实。没错，心动只能维持一阵子，心定才能在一起一辈子。成年人的世界里，合适真的比喜欢重要。

02

晓丽跟老公去商场逛街，看见喜欢的衣服，晓丽都会先看一下吊牌价格，然后问有没有折扣。那天，一直跟着他们的导购小姐不耐烦晓丽一直询问价格，就很轻蔑地说了一句："我们家是国外知名品牌，均价在2000元，如果您觉得贵了，可以去别家看看。"

晓丽当即就怒了，跟导购小姐争论了起来。导购小姐说晓丽是穷鬼，逛不起商场就别来，还说晓丽不怕丢脸，注定是穷人。站在一旁的丈夫非但没有说话，更是全程黑脸，一把拉住她走出了商场。

出去之后，没等到晓丽说话，老公就怒气冲冲地说："你不打算买，还一直问人家，要是我，我也会很烦啊！还当着那么多人吵，不嫌丢人啊！"

晓丽听到这里，歇斯底里地问："她说我是穷鬼，赶我出去，你不帮我，还帮着她指责我？我是你老婆，还是她是你老婆？你理解的人应该是我才对啊？！难道不是吗？我是你的爱人，你应该是护着我的那个人啊！别人不懂我为什么不舍得买一件名牌衣服，难道你也不知道吗？”

作家李月亮写过：“众生皆苦，每个人都承受着自己的艰辛。而我懂你，就会对你的苦感同身受，纵使不能为你分担，也要在这苦里加点糖，尽我所能，让你好过一点。”

好的婚姻生活，应该是相互心疼的。你懂我的难处，我体谅你的不容易；你懂我的言外之言，我懂你的欲言又止。就算清风不懂细雨，繁星不懂山河，但愿你有人懂、有人疼、有人宠。

03

最近，我看了一部纪录片，片名是《人生果实》。片中，修一和英子的神仙爱情向我们展示了婚姻最好的模样。修一90岁，英子87岁，两个人的年龄加在一起177岁。

初见时，修一是个穿着草鞋的穷小子，英子是清酒酿造厂老板的独生女儿。一次偶然的相遇，他们相互爱慕，五年后结了婚，结婚时，修一没有钱。虽然生活清贫，但是英子很满足。她说，在结婚前，她在家是一种很古板传统的生活方式，直到和修一结婚后，她才开始能够畅所欲言，做自己。他们一起打理菜园，给土壤施肥，给果树剪枝。

土豆、玉米、萝卜、龙须菜……

樱桃、草莓、酸橘、无花果……

他们自己动手，种了百种蔬菜和水果，春种秋收，将庭院打理得美不胜收。他们说不出“我爱你”，却藏在行动里。修一喜欢游艇，只有4万块钱的他想买70万一艘的游艇。于是英子瞒着丈夫，去典当了她所有的和服。

英子喜欢吃的果蔬，修一会在菜园的牌子上写“给英子”。怕英子受伤，修一默默地在危险的地方挂上牌子，写着“会疼哦”。修一只吃海苔米饭配日本渍菜的传统日式早餐，而英子爱吃面包抹果酱和黄油的西式早餐。所以每天英子会做两种不同的早餐。

在接受采访时，英子像少女一样说：“你看我们修一是越来越好看了。”而90岁的修一逢人便说：“英子对我来说，是最棒的女朋友。”

他们彼此相爱，携手共度65年。2015年，修一去世，2018年，英子去世。

修一跟英子说：“等我们死了，我们的骨灰就一起撒在海上吧？我们去住南十字星隔壁的小星球，因为南十字星会住满大溪地人。”

这会儿，也许他们已经在南十字星隔壁的小星球相遇了吧。修一和英子生活乐观，善于经营婚姻，最终拥有了美满的人生。

所以，幸福是在琐碎的日常中展现出来的。也许生活平凡，但能创造出浪漫；荣华富贵或者锦衣玉食都没有一颗安定的心重要。

相恋容易，相守难。美满的婚姻并不一定是两个完美的人结合，而是两个50分的人共同修炼，把日子过成100分。

我们这一生会遇到很多人，跟什么样的人结婚是你自己要做的选择。但任何一段好的婚姻都是彼此尊重、踏实相守、相濡以沫的。它是回到家后，桌子上的一碗面，是难过时的一个拥抱，也是携手漫步夕阳的安稳。

正如涂磊所说：“婚姻不是建立在轻松的谈天说地上，而是建立在长期的行为和付出里。”

余生，愿你得一人心，白首不相离。愿他，免你惊，免你苦，免你颠沛流离，免你无枝可依。

两个起点差不多的女人，为何会有截然不同的人生

作者：晚情

一次，我去做足浴，技师已经是好几年的老朋友了，我感觉她心情特别好，便忍不住问她是不是有什么喜事。技师笑容满面地说：“这个月，我把我妈和孩子接到身边来了。”

难怪她心情这么好，从我第一天认识她，就知道她特别能吃苦，干活很卖力，因为她有一个心愿：把孩子接到自己身边来。

我笑着祝福她：“上周你说请假回老家了，原来是去办这件事了啊，恭喜你，终于如愿以偿了。”

很久以前，我就知道技师的故事。她出生在一个很穷的小山村，他们那里干一天活，只有20块工钱，为了赚更多的钱，她随着其他姐妹出来打工。

当她出来以后，才发现外面的天地好大啊，那些沿海城市的教育

与小山村简直是天壤之别，于是她不想再回去了，她想把孩子接出来。在外面打工的收入和小山村相比，已经很高了，一个月大几千，有的时候能过万。

但是只把孩子接出来，技师没有时间照顾，把孩子和老妈一起接出来，房子、生活是很大的压力，那时候，她还没有这个实力。

有时候，她特别想孩子，想到晚上觉也睡不着。

那她怎么办的呢？她买了很多美容的书，开始自己慢慢琢磨各种手法，也对着很多视频练习。

后来，我对技师说："你愿意多学点东西挺好的，但这个还是需要系统地学，否则客户会觉得你的手法不专业。"

她听了，觉得很有道理，真的花了一笔钱去学了。她们这个行业，一般中午十一二点才上班，所以她基本有半天的时间是空着的，她觉得这个时间好浪费啊。技师的工作很累，很多人都用来睡懒觉了，但她不，她开始了自己的创业。

她租了一套三室一厅的房子，简单装修了一下，放了几张床，一个小小的美容院就开张了。

因为她定位不高，价格也挺便宜，光顾的人还不少，主要是服务好，她的手法技术也不错。后来，客人渐渐多起来了，光上午已经约不过来了，她发现，对门的妹子是个全职妈妈，老公对她不太好，她有心改变，却不知道该做什么。

于是，技师对那妹子说："反正你送孩子上学后，也没什么事做了，不如我教你，你来给我帮忙吧？”

对方有点不自信：“我能学会吗？”

她说：“这个又不是高科技的东西，我一个洗脚妹都能学会，你为什么学不会？”

于是，对方就跟着她学习，并且很快就上手了。

因为感激她给的机会，这位全职妈妈做事非常认真用心，每天早上给她带早饭，把小小的美容院收拾得非常干净。因为有了帮手，技师能服务的客人就多了很多，上午，她们两个一起在小美容院里为客人服务，中午她再去上班。

我问她说：“你都自己创业了，还来上班啊？”

她说：“我这个美容院一个月大概能赚1万块钱，我上班也能赚差不多1万，这样我就有两笔收入了。而我请一个人只要三四千，我辞职不划算啊，等以后我自己的事业做大了，我可能会辞职，但是现在还不行。”

他们那里，像她这样的妹子并不少，她们出身穷苦，带着改变一家人生活的念头出来了，最大的梦想就是把孩子接到身边。

我很喜欢和她们聊天，因为她们充满奋斗的动力，眼里有光，那种光会情不自禁地吸引我。

她们不抱怨，不诉苦，一点一滴地积累生存的资本，就如她喜悦地告诉我：“大概年底就可以买房了，终于可以在这个城市安家落户了。”

我很欣赏这些努力生活、认真踏实的妹子，她们值得过上更好的生活。

昨天，有位姑娘和我说，她说她替奋斗的女人不值，女人本该被呵护，被宠爱才对，为什么现在这个社会提倡女人要好好努力。包括对我，她觉得虽然我用几年时间取得了别人可能一辈子都难以企及的成就，但她还是为我不值，觉得我把大好时光用来奋斗了，而没有好好享受人生。

我说没有奋斗，哪来的好好享受人生呢？让男人给吗？如果有一天，他不想给我了，我怎么享受人生呢？

命运想羞辱谁的时候，从来不会和你商量，我不希望有一天，命运对我反复羞辱，我却毫无招架之力。

所以为什么两个起点差不多的人，最终会有截然不同的人生？很多人都说想知道。

最大的原因是思维和认知。

面对不如意的现状，有的人首先想到的就是如何去努力改变，有的人除了抱怨，就是认命；面对自己的人生，有的人有着很明确的规划，有的人则是随波逐流，漂到哪里算哪里；有的人面对未来的机会主动准备，有的人则认为所有机会都是假的，哪怕真有机会，也轮不到自己，潜意识中，他认为自己不配。

人生最可悲的就是自己放弃自己，不相信自己的人生还有另一种可能。

最好的生活就是好好独处

作者：李晓木

一个人的生活可以是平淡、乏味、停滞不前的，也可以是一场充实、美妙、精彩纷呈的旅行。我最向往的生活就是能够享受独处。

1.美好生活的开关：做饭

蔡澜曾在一档节目中说过：“做饭是消除寂寞最好的方法。”

尤其一个人独处的时候，千万不要慢待自己，而是要好好地给自己做顿饭，这样，内心才会有踏实感。

前段时间，我因为工作上的一些事情，心情非常不好，休了两天假。这两天让我心情慢慢恢复平静的就是做饭。

第一天，我去超市买了一些五花肉，腌了半天时间，然后把它们铺在烤盘上，看着它们滋滋冒油，烤到焦香，之后把肉夹起来，蘸上椒盐粉，包上生菜叶，把它们吃进嘴里。

蘸料和肉的香气瞬间充盈口腔，那一刻，我真切地感受到了食物的抚慰，细细品嚼，甚至感受到它们渗透到牙齿的缝隙，然后心满意足地吞咽到肚子里，迫不及待地夹起另一块。

吃肉的空当，喝点酸梅汤解腻，仿佛吃多少都到不了头。

第二天，我给自己烤了一个面包，然后冲了一杯咖啡，任由食物的甜醇弥漫着味蕾，那种被幸福拥抱的滋味久久不散。

第三天，我就高高兴兴地上班去了。

这两天，我想明白了一件事情：成年人的世界里哪有“容易”二字，生活实苦是一种真实，而微笑面对则是一种能力。

好好做饭，好好照顾自己就是一种微笑面对的态度，亦是一种爱自己的能力。

人生一世，悲喜交织，又转瞬即逝。唯一留下的就是这些刻在味蕾上的、谁也拿不走的滋味，它们抚慰了我们的心灵，带来了继续前进的力量。

2. 美好生活的加油站：旅行

几个月前，闺密文文突然请了假，然后就消失在了我们的朋友圈里。再见面，已经是一个月之后，她的精神状态明显比之前好了很多。

因为过去那一年是她最繁忙的一年：考证、工作调动、婚姻危机接踵而至，她在现实中摸爬滚打，渐渐失去了往日的活力。

她终于决定停下来，给自己放一个假，来一场说走就走的旅行。

她说："旅行是一段与自己独处的时光，是逃离平庸生活的一次越狱，虽然在旅行途中会遇到困难，却能让人找到自己。"

的确，周而复始的生活，现代社会的压力，让我们常常忘记，自己究竟是为什么而出发，紧接着少了几分对人生的憧憬，多了几分来自生活束缚的无奈。

如果说，独处是一个人的清欢，那旅行便是独处的"盛宴"。

在陌生的城市，关掉手机，不再理会繁杂的琐事，自由自在的，不乏人生之乐事。

正如周国平老师所说："在市声尘嚣之中，生命的声音已经久被遮蔽，无人理会。"

那我们不妨就这样安静下来，向着自己身体与心灵的内部倾听，听一听自己的生命在说什么，想一想，现在的生活还是自己喜欢的模样吗?

犹记得文文曾满脸微笑地对我说："那些想不开的心事已经想开了，那些疲惫的折磨也弱化了，旅行又给我自己蓄满电了。"

人生因孤独而丰盛，让身体在路上前行，让灵魂与自己交谈，关于真实的心境就深刻了。

3. 生活中的光亮：读书

都说一个人最好的增值就是读书。其实我很不认同这种功利的说法，但是读书是一种投资，这是一个不可争议的事实。

很多伟大人物在众所周知的声誉背后，往往有一个不为人知的身份，那就是终身阅读者。毛主席几十年来一直很忙，可是只要他一有点闲暇的工夫，哪怕是几分钟，他都用来读书。所以他的卧室里、办公室里、饭桌上、茶几上到处是书。很多大部头的书，比如《资治通鉴》，是他今天读一点，明天读一点，这样反反复复读了17遍。即使生病，他老人家也没有停止过阅读。

脸书的创始人扎克伯格，他每天上班前都要给自己两个小时的独处时间，专门用于阅读。前世界首富比尔·盖茨，他基本上每年要精读50本书。

股神巴菲特从来不看电视，除了工作，基本上所有时间都是在书中度过的。他的老搭档查理·芒格更是阅读量惊人，被人戏称“长着两条腿的图书馆”。

我们都知道名人的时间很宝贵，如果他们把读书的时间用于投资，会产生更多的物质效益。而事实证明，真正厉害的投资人都懂得读书才是真正值得终身投资的事情。

读书可以让他们从他人的经历中积累经验，从而获得意想不到的视角和灵感，吸收被时间留住的“精华”。

如果我们经常在独处的时候读书、思考，拥有丰富的精神生活，我们就能感受到那个更高的自我，而那个更高的自我就是我们人生路上密不可分的精神密友，带给我们站得更高、看得更远的生活。

4. 学会独处

一个人能否找到好的生活状态，并不依赖他人成全与否，而是你如何独处。

是吃垃圾食品，还是好好做饭；是与人“八卦”，还是开启旅行计划；是追剧，还是读书……你付出了一样的时间，却得到了不一样的生命体验。而我们普通人的生活大抵一样，每天将时间留给工作、留给家庭、留给孩子，似乎忘了留出时间与自己独处。

就像毕淑敏说的：**“我们常常是心中很寂寞，说出口的却是词不达意的热闹，这个世界已经够喧哗的了，现在需要的只是静静面对。”**

我们别忘了，人生是用来感受的，要给自己留些时间独处。

也许你是妻子、是妈妈、是女儿、是一名普普通通的员工，但最终的核心还是你自己。只有你足够地爱自己，让自己的内心始终悦定、不违和，你才能做好其他角色。

在一个舒展的午后读一本好书，认认真真给自己做一顿自己爱吃的饭，奖励自己一趟计划很久的旅行……独处是一种修行，它可以诱发关于生命、自我的深邃思考。

有些人总是习惯和别人共处，和别人聊天，但是却和自己无话可说，一旦独处，就浑身难受，这样的人终究是肤浅的。

我们要学会倾听自己的声音，自己和自己交流，这样才能逐渐形成一个有深度又有厚度的内心世界。

任外来的风雨洗礼，我们都不会在逆境和喧嚣中沉沦。

第六章

逆风而行，去远方

艰难的时候仰望星空，
看到的不止眼前的璀璨，
还有另一方天地。

不管何时，都要认真地生活

作者：韦娜

01

我看过梁东写的一个故事。他和蔡澜是好朋友。近80岁的时候，蔡澜在香港开了一家越南牛河粉店。梁东问蔡澜："为什么这么大年纪了，还想着要开店？"蔡澜回答："我爱吃。"

怎么制作牛河粉呢？蔡澜每次熬好汤以后呢，觉得味道不对，然后就倒掉，足足熬了六次，才熬出了自己想要的味道。然后，经过不断改良，蔡澜终于做出了自己想要的越南牛河粉。

这个味道为何一直嵌在他的心中呢？这与他少年时的经历是分不开的。那时，他家里请了阿姨，最爱做猪油炒饭，他一直记得那个味道，那是贫瘠生活中怒放的香气。除此，令他怀念的还有母亲亲手制作的青杧果果脯。

抗战后，百业凋零，大家都很穷。于是他的妈妈就跑到山上，把那些青涩又难吃、没人要的青杧果摘下来，洗干净，放在蜂蜜、姜里腌制，做成果脯，拿到集市上去卖钱。最后赚了很多钱。

要知道，那个时候，她的妈妈是学校的校长。在贫苦的生活中，他觉得母亲身上有一种智慧，那就是让自己过好的能力，在最困难的时候，用最低的成本追求到了最好的生活。而这种能力、这份认真是让人最羡慕的。

就像命运一直在用不同的方式出了各种难题来考验我们，我们依然能从底端的生活方式中找到浪漫的养分，灌溉出诗意。在我看来，这才是真正的诗与远方，最值得我们一遍遍致敬的地方。

02

这也让我想起了自己的妈妈。成年后，我最怀念的味道依然是家里最困难的时候，妈妈做的味道不同的烙饼，各种面食小吃。我的妈妈似乎有一种特别神奇的本领，人们都说巧妇难为无米之炊，但她并不是这样。即使给她最简单的食材，她也能变出花样来，做不同的食物。

当时，我和爸爸出了车祸，在家休养。因为疼痛，我和爸爸的心情都不好，垂着头，睡到不知道睡觉究竟是什么滋味。多亏了妈妈，她不仅要开导我们，还要做各种美食来哄我们开心。

妈妈跑去外面，采摘榆钱叶和洋槐花，接下来的几天，我们吃的每一顿饭都不同。榆钱叶带着春天的清香，被妈妈用手窝成了绿色的窝头，她又敲了红色的米椒、蒜、花生碎，在滚烫的油里翻滚几下，放到窝头上，鲜香扑鼻。还有那洋槐花裹上一层面糊，加鸡蛋拌匀，蒸熟后，用辣椒油、蒜、生抽拌匀，简直是人间美味，我百吃不厌。

直到现在，每到春天，我都会让妈妈准备榆钱叶和洋槐花。可仿佛除了妈妈，任何人都做不出那种独特的春意，那是妈妈生活的智慧，任谁也夺不走的对生活的款待。

我刚刚开始工作时，总是游走各个城市出差、讲课，我每次都会奖励自己去品尝当地的特色菜。去过很多地方，吃到了各种美味后，你会发现，自己心中美食的标准其实是妈妈做的菜。

为了一家人吃得更舒服，更尽兴，妈妈总是挖空心思，左右搭配，跟着电视学，问其他人怎么做，回忆起来，饭菜才显得更温柔。

所以，一个女人如何过好生活，就是看她在贫困时，用怎样的姿态去生活。过好困难的每一刻，靠的是对人生的正确理解以及敬意。

03

“哪怕屋檐和屋梁把生活压得再低，但是我觉得它还是有另外一片天空的希望。”在面对众多人的开撕时，肖战轻描淡写地写了这句话，我特别喜欢。

每个人都有特别难挨的时候，而这个时候就是分出我们对生活的热爱高低的时候。

我读到日本天才女画家上村松园的书，里面描写她的母亲特别坚毅。早年丧夫，活得很辛苦，亲人劝她早点改嫁，而她却拒绝了，原因是不想让两个女儿饱受辛苦，只想把所有的爱都给予她们。

上村松园12岁时，想去学画画，所有人都不能理解松园的选择。毕竟在那个时代，女孩子只要学会端茶倒水就足够了。整个画院清一色的男孩，松园的母亲依然选择了送女儿去实现自己的梦想。女儿不负众望，从15岁开始获奖，一直到74岁，笔耕不辍。每年都会有画展。

松园19岁那一年，隔壁的摊位着火，烧到了她家的商铺。她许多的画、画笔、颜料被烧光了。她什么也救不了，只能狼狈地跑到母亲身边哭泣。母亲却说："至少这是别人给我们添的麻烦，而我们没有给其他人添麻烦，我们可以安心地睡了。"

松园虽然还是很痛心，但立刻被安慰了。

这个细节让我感触不已，这就是生活的能力。能过好底层的生活，骨子里一定是坚强的、硬气的，甚至是浪漫的、乐于规划的。

我在想，多年后，待我们像蔡澜先生那般年岁，最怀念的是什么呢?

应该就是这些生活细节的美好。在最困难的时候，我们依然没有忘记去爱，去拥抱，去付出。我们还在仰望星空，希望未来有另一片天空。

所以，不管生活怎样，都要认真地活，认真地做，这样，我们便会迎来自己所得的幸福与快乐。

拼命向下扎根，努力往上生长

作者：李光凯

我是一个山东人，我不粗犷，不豪放，有点文艺，但酒量不差，来北京七年多了。我是一个平凡又普通的媒体工作者，每天乐此不疲地做着自己喜欢的工作，一个石油大学毕业、学国际经济与贸易专业的年轻人，从一个县级台新闻主播到市级台主播再到北京成为央视综艺频道《喜上加喜》现场总导演，一路走来感慨颇多，每一次的选择都是一次冒险。

我2008年考上大学，原本想学播音主持的我，没有迈过我爸那一道坎，选择了一所石油大学的经济专业。进大学校门的第一天，就给自己申请了一个QQ号，名字叫CCTV，现在已经用了11年多了，从未改过。加我好友的同学觉得我是个骗子，觉得我有些好笑。尤其是，当我晚上睡觉做梦，梦到和王小丫、何炅老师同台主持，将这个梦兴奋地和舍友分享的时候，都会遭到一系列的嘲笑，最正常的反应就是：神经病吧你！

周国平说过：“在这个时代，能够沉醉于自己的心灵空间的人是越来越少了。那么，好梦联翩就是福，何必成真。两种人爱做梦：太有能者和太无能者。他们都与现实不合，前者超出，后者不及。但两者的界限是不易分清的，在成功之前，前者常常被误认为后者。”

对于嘲笑，我并没有放心上，还是一如既往地做着我的白日梦。我会把报纸上何炅的照片剪下来贴在自己读书笔记的扉页。我会把康辉主持《新闻联播》的视频放在自己的手机里随时看。会反反复复看历届挑战主持人大赛的视频。大学四年，不管是在学习上还是在社团活动上，我都取得了不少的荣誉。比如：国家励志奖学金，校园十佳明星，校园口才明星，被派往香港大学、香港理工大学交流学习。

用一个词来形容我的大学体验就是 “高中式的大学生活”！大三时身上肩负着三个职务，大学生艺术团团长、主持部部长、学院社团部部长。做这一切，都源于一个词，那就是“喜欢”！虽然没有选择自己喜欢的专业，但做着喜欢的事情。

虽然我选择的不是自己最喜欢的专业，但不影响我努力学习，拿奖学金。在大学，比我长得帅，比我长得高，比我普通话标准的大有人在。我是属于人群中很不起眼的那个人，能成为校园主持人，也许是因为我学习还可以。学校每年有一场晚会，需要双语主持人，男主持需要英语口语好，所以团委选来选去选择了我。

大四的时候，我选择放弃了保研的资格，也放弃了老师们推荐的高薪外资企业的工作，而是选择去湖北一个县级电视台，一个长江边上的小县城电视台实习。

因为一个记者出镜得到主编的赏识，我直接跨过实习生成为见习生，拿了工资。一个月的工资不到三千块。空闲的时间选择看书，看各种主持的视频。有一天因为女主持临时突发急事，我“不幸”充当了一次新闻主播，上面穿着台里紫色的西服，系着红色的领带，下面穿着大裤衩。还要自己化妆，我不会画眼线，就拿着女主持的眼线笔在那儿描啊描，结果就画出来了两条毛毛虫。因为这次临时救场，不小心就一直救了下去。观众评价，这小伙子虽然不高、不帅，但挺有灵气的！

春节也没有回家，扎实的锻炼让我的生活很安逸，也让我喜欢上了长江边上那个小县城，也享受这份工作带给我的荣誉感。

一切发展得很顺利。一晚我去跑步，突然听到头顶飞机飞过的声音，我就站在原地抬头望着天想：我什么时候也可以每天天南地北地坐着飞机飞来飞去，像飞机里那些所谓“高级”的人一样。

可能是虚荣心在作祟，也可能是因为安逸的日子过腻了。偶然的机会看到一个市级台招聘，于是我选择投了简历，经过笔试、面试，顺利进入荆州人民广播电台。台里直接安排给我直播的任务。

我就住在广电大厦旁边的招待所二楼，那一个房间里面住了四个人——一个荆州之声的记者，一个交通广播的主持人，两个综合频率的主持人。我是综合频率的主持人，负责每天早上6点到8点的直播，5点20分就要偷偷摸摸起床，不能开灯，唯一的一束光是从卫生间门露出来的，那个门虚掩着。然后洗漱完小跑下楼，因为保安大爷起不来那么早，所以每天早上我只能笨拙地爬大门出去。到了单位后打开电脑，等待6点的准点直播。每天如此，做了有将近半年的时间。

一切波澜不惊，忘记了是哪一天，机会好像来临了，我投了《乡约》的简历。以为会石沉大海，一个多月以后，我接到了电话。两次电话后，我裸辞来到了北京。主任说："你先去试一试。万一不行的话再回来。"我没有，我选择不给自己留任何的退路，找学长借了2000块钱去了北京！

来到北京后，一切并没有我想象的那么简单。没有住的地方就和大学同学挤一张床。吃的、穿的、用的都是我同学的。他身高180cm，他的外套我总是当风衣来穿。有时买衣服买一赠一，那个赠品就是我的。

为了不给同学添麻烦，我每天都是到了晚上10点以后才坐公交车回家。同学是一个很心细的人，看我的状态就知道我没吃晚饭，在家里会故意准备很多吃的，泡面、火腿肠、饼干等。所以，在奋斗的路上，朋友很重要，做人要记得感恩。

将近一年的实习是没有工资拿的。竞争压力很大，三十几个实习生中，有中国传媒大学的硕士，中国人民大学的高才生，美国、加拿大、英国的留学高才生。还有非常重要的一点——领导是否喜欢。面对这一切，我一直有一个信念，我选择相信自己。即使无数次被否定，无数次被骂得体无完肤，无数次不被看好，我都不会怀疑自己的能力。虽然很多我不会，但假以时日，我一定会做得很好！

和我一起实习的一个女生，毕业于中南财经政法大学，在湖南卫视《天天向上》做过编导。她曾经一篇稿子改了102遍。改到第100遍的时候，她在办公室号啕大哭，觉得领导是在故意折磨她，故意为难她，故意不让她过。

或许就是这么多的“故意”，最终签约的仅有的几个人中她是其中一个。十个月魔鬼式的磨炼，我们终于签约了。那一刻，似乎并没有很开心。一路走来，我的身份不断地在变换着，不断地清零，从前期编导、现场导演、摄像、小片导演，再到现场导演，还有现在的一个身份青年作家。我一直在找寻着适合自己的一条生存之道。

很多次的清零不是我自己的选择，是领导的安排，我开始会完全地接受，告诉自己不断地充实自己不是一件坏事，技多不压身。但是后来，随着年龄阶段的不同我发现“不断地清零”不见得对每一个人每一个阶段都是一件好事。工作中，你会接触到形形色色的人，溜须拍马、阿谀奉承的人，勤恳工作、少言寡语的人，机灵可爱、多智多谋的人，等等。能走到最后的那个人，我相信一定是个善良、正直、上进的人。

来北京的七年，我采访了很多的人，也见证了太多的离别。2015年9月，我有了记录的想法，记录他人的故事，记录自己的成长，也是对现实的一种反抗。记录本身就是一种反抗！也很幸运地结识了敬一丹、张国立、朱迅、鞠萍、濮存昕、王刚、王小丫、张蕾、王宁、欧阳夏丹、纪连海、孔庆东、苏芩等我曾经觉得遥不可及的一些偶像、前辈，他们是我人生的标杆和榜样，给我力量和方向。

还记得写自己第一本书时的状态，一个人在北京，一个非常大的房间。为了防止自己玩手机，就把手机关机，每天早上一碗粥就是早餐。晚上自己煮泡面吃，里面会多放几根火腿肠和几个鸡蛋。吃了几天，都快吃吐了。春节那晚，自己点了肯德基、必胜客，一桌子的东西，看着春晚。因为写作抑郁，交稿之后，自己跑到苏州园林玩了几天。

2019年9月《乡约》升级改版为央视综艺频道的《喜上加喜》。我也从一名现场导演成为一名现场总导演，获得国家三级导演的称号。首轮四期节目录下来，我瘦了六斤。尤其是第一期，在会议室监督组员们剪小片到凌晨2点，不小心在沙发上睡着，然后触电般地惊醒。不仅能减肥，还收到了我爸“好自为之”的微信，因为当时忙到记错日期，没给他发生日祝福，给他发的红包到现在都没收。

转眼已经到了2020年10月，一切都已经迈入了正轨。

不忘初心，闻过则喜，感谢这份职业，感谢那些遇到和同行的人。

愿我们的每一个日子，都拼命向下扎根、努力往上生长!

我再也不会沉溺于简单的快乐

作者：式微

汪国真的《人到中年》里有这样一段关于中年人的描述：“到了中年，生命已经流过了青春湍急的峡谷，来到了相对开阔之地，变得从容清澈起来。花儿谢了不必唏嘘，还有果实呢。”

人的本性是追求快乐的，享受中年的果实，适当的劳逸结合固然需要，但我们更需要学会分辨什么是有益的快乐，什么是有害的快乐。

孔子曰：“益者三乐，损者三乐。乐节礼乐，乐道人之善，乐多贤友，益矣。乐骄乐，乐佚游，乐宴乐，损矣。”意思是：有三种爱好使人受益，也有三种爱好使人受损。爱好行事以礼乐为节度，爱好称道别人的优点，爱好多结交有贤德的朋友，都会受益；爱好骄纵傲慢，爱好闲散游荡，爱好沉迷酒食，都会受损。

在这里，孔子把有害的快乐归纳为三种：乐骄乐，乐逸游，乐宴乐。

放到今天的生活中，这三乐正是当下被骄纵享乐、被混日子和被饭局毁掉的三种中年人的真实写照。

01

第一种有害的快乐是骄乐，就是骄纵享乐。

人到中年，经过前期的奋斗，年富力强，在家庭、事业上也有了收获，很容易就此而自得与骄纵。

于是不知节制，任意妄为，在形成习惯之后，就以此为快乐，最终为其所害。五代后唐庄宗李存勖的故事正是揭示了一个被骄纵享乐毁掉的中年人。

李存勖24岁继承父业，年少有大志，为人果敢、富有谋略、骁勇善战，经过十余年的励精图治，击败四方敌手，称帝建国。

一时之间，可谓是“举天下之豪杰，莫能与之争”。

然后在夺取天下之后，李存勖就此沉溺于享乐，不知节制，宠幸伶官，最终落下一个众叛亲离、身死国灭的悲剧。欧阳修感叹道：“忧劳可以兴国，逸豫可以亡身……而智勇多困于所溺。”

中年是人生和事业的转折点，而不是终点。

张爱玲曾在《半生缘》里写道：“中年以后的男人，时常会觉得孤独，因为他一睁开眼睛，周围都是要依靠他的人，却没有他可以依靠的人。”人到中年，上有老，下有小，身上的责任也越来越多；以前奋斗，是为了自己的生活能够好一点；现在奋斗，是为了整个家庭，虽然很累，但依旧不能止步。

若是一味骄纵享乐，不懂得节制，便是等于放弃了自己，放弃了家庭，放弃了美好的未来。

02

第二种有害的快乐是乐逸游，也是另外一种中年人的缩影。可以体现为游手好闲，或是安于现状。

其实所谓的稳定，更多的是心理安慰。即便是再稳定的岗位，也不能代表个人的稳定，你也不可能一辈子高枕无忧。

越稳定，往往越脆弱。

在2019年5月初的时候，被称为“北京最大养老院”的甲骨文中国研发中心裁掉900多名员工，占了总人数的一半以上，其中大部分被裁的是中年工程师。这些40岁左右的员工享受着上班不打卡、工作时间自由、每月两天的带薪休假，以及工作满五年就不必去公司坐班的超高福利。在他们被裁后，阿里、百度、腾讯、华为等互联网巨头在园区内举办专场招聘。

令人大跌眼镜的是，绝大部分人未能通过第一轮面试，有的即便通过面试，也在技术检测时被刷了下来。这些人多数出自清华、北大、上交、复旦和北邮这五所学校，并且拥有硕士以上学历。所以，其实任何岗位、任何人随时都可能被取代，不管你乐不乐意，高不高兴。

正如我们常说的那句话：时代抛弃你，不会说再见。

潮水来临时，我们无法改变潮水的方向，所能做的唯有让自己具备游泳求生的能力，降低被潮水淹没的风险。

毁掉你的不是平庸，而是故步自封。我们应该为百尺竿头更进一步感到快乐，而不是为所谓的稳定感到安逸满足。

03

最后一种有害的快乐是乐宴乐，意为以饮食无度为乐，在中年人身上很常见的一个体现便是饭局。

有人情的地方，便会有饭局：公司聚餐，同学聚会，生意往来，交际应酬，美其名曰“增进感情”。

殊不知，感情还没加深，你的身体就已经被拖垮了。

前不久，一档央视节目中说道：“由于暴饮暴食、工作压力和久坐等原因造成的肥胖被列入工伤范畴，工作应酬也在原因之中。”结果引起公众热议。

但事实上，在工作应酬中，饭局带来的健康问题远不止肥胖这一种。

我们细细观察一下身边患有三高、脂肪肝和胃病的中年人，十个里面有九个常年饭局不断。饭局让你失去的不光是健康，还有你和你的家庭。

杨澜说过：没有人会通过你邋遢的外表去发现你优秀的内在。

去健身，你会收获一个健康的身体；去读书，你会收获一个富足的灵魂；去陪伴家人，你会收获更美满的天伦之乐……而你在健身房、在图书馆认识的人、学习到的知识，远比在饭局上浪费的时间，对人生有益得多。

人到中年，时间很贵，健康也很贵，别让自己的人生毁在一场又一场没有意义的饭局之上。

站在半山腰的中年人，在人生的前后夹击之下，从来没有“容易”二字。但总要昂首攀登，拿出会当凌绝顶的魄力，才能享受一览众山小的快乐。

中年是人生的第二次起点：莫道桑榆晚，为霞尚满天；不沉溺所乐，不安于现状；胸中有丘壑，眼里存山河；手里持桨，做自己生命的摆渡人。

我不怕老去，只怕来不及好好爱你

作者：於志洪

转眼，母亲离开人世已经30多年了。经历越多，就越能体会到母亲的不易与伟大。

母亲32岁时生的哥哥，35岁时生的我。这在20世纪60年代的农村算很迟了。可能母亲有老来得子的心理，对我们兄弟俩疼爱有加。不管是家务活、农活，还是学业功课，从不为难我们，能做多少，做到什么程度，从不提目标和期许。她常说孩子就是要玩的，小时候不玩，长大后就没时间玩了。所以同小伙伴相比，我是最轻松的一个。

他们放学后要打猪草、做家务、忙农活，而我不需要，母亲怕我孤单，就买了只羊让我放，以便跟着其他孩子一起在田野里撒欢儿。别人的羊是绳子拴着，木桩一插，只能围着桩子吃草，我的羊是散步式放养，我在后面跟着，管住它不吃蔬菜和庄稼就好。有时我与伙伴们玩，也会让羊脱离视线，但我一点不担心，只要一声呼唤，它立刻会从某个草丛里蹿出来，在几步远的地方，立起身体，低着头，将羊角对着我，摆出一副要与我决斗的样子。旁人看了，赞我会放羊，把羊放得如此通人性。现在想来，这都是母亲给我时间与羊混熟了而已。别的孩子忙于埋头完成各种任务，而我可以亲近自然和动物，放飞天性，散养式的童年让我从小就感受到满满的幸福和温暖，这些感觉延续至今。

母亲还将对我和哥哥的爱推及其他孩子身上。她曾说："父母跟你们的时间是有限的，小伙伴跟你们才是一辈子的，所以你们要好好相处。"

我的一帮小朋友来家里玩，母亲总热情相迎，还会弄些吃食。直到现在，这些朋友见面了都说："你母亲真好，到你家有吃的，在那个困难时期，食物是多么宝贵啊！"有一次，小朋友们在院子里玩闹，碰翻了邻居的火炉，邻居挥舞着木棒要打，母亲出面阻拦道："你怎能把炉子放在过道上，孩子总是要玩的，他们没数，你做大人的还没数？"她关爱孩子，关注别人不注意的细节。

那时，农村人忘记某个孩子的生日是常有的事，问到母亲，她会说你家老三是某个节日的后三天出生的，或者比某某孩子早七天。这种联系记忆法，她在这里不经意地运用自如。

这样的爱孩子就要辛苦自己。父亲在城里上班，农活、家务就全落在了母亲一人身上。那时，生产队里不管有事没事，每天都要上工，干完集体的活，就要侍弄自留地，忙完自留地，回家面对的是清锅冷灶，做饭吃饭后就刷锅洗碗，然后是洗一堆脏衣服。

我们的每一天都是从在睡意中听她簸米的沙沙声和踏着木楼板与木楼梯的咯吱咯吱声开始的，以晚上她在灯下晾完衣服、做完针线结束，周而复始。在我的印象里，母亲始终在做事，不急不缓，脸上总是带着轻松和蔼的笑容。这使得我们从没想到去体会母亲的劳累。

虽说父亲上班拿工资，但工资很低，扣除城里的生活、每周来回的交通，所剩无几，所以家用基本还是靠母亲的操持。养猪应该是经济来源的大头。母亲将第一进的东边柴房用作猪舍，那里没有窗户，光线昏暗，活动空间也小。猪基本是吃了睡，睡了吃，所以长得比别人家的快。

记得每天晚上，我和哥哥举着煤油灯在前面走，母亲拎着猪食桶在后面，还没到猪圈门口，猪就哼哼着跑到食槽，摇着尾巴，眼巴巴地望着我们。在猪埋头吃食的时候，母亲张开手指测量猪的脊背，估算它们的生长速度和出栏时间。猪圈里始终保持着两只猪，每只半年左右生长期，这样每隔三四个月就能出栏一只。别人说："这猪还可以再长长，卖更多的钱。"母亲说："后面它长得就慢了，不如趁早换小猪。"多年之后，我读了研究生课程，这才知道她的做法符合边际效益递减原理。另外，隔三岔五地将自留地里种的菜拿到集镇上卖，也能换回一些零钱，顺便带回一些水果零食给我们解馋。母亲常说，吃不穷，穿不穷，算计不好一世穷。所以在普遍为穷所困的年代，除了在吃上不能保证常常大鱼大肉外，我从来没有觉得穷过。

比操持更出名的要数母亲的处事。母亲的为人在全村乃至附近村里都有名声。早年父亲在外，家里只有爷爷、叔叔和我母亲三人，叔叔在30里外上高中，每天早出晚归，书读得很苦，但成绩很好，被清华大学录取，创了全村高考纪录。这本应是大好事，但爷爷碍于眼前困难，家里劳动力就母亲一人，也没有收入负担学费，不同意叔叔上这个学，要他回家务农。叔叔郁闷，不敢作声。母亲偷偷从娘家借来一笔钱塞给叔叔，供其到北京求学，自己一人承担起全部的家务和农活。这事让全村人竖起了大拇指，但她从没对我们说起，只是常说叔叔如何用功，他看书时，针掉到地上都听得见，小偷都不敢进门，因为搞不清家里是不是有人，等等。她没接着说“你要向叔叔学习”，但这些话让我自然产生了对读书的敬意和对家学传统的自豪。

在农村生活，少不了遇到狭隘自私的人和事，对于别人会暴跳如雷的事，母亲却常常一笑了之。她常说，讨便宜的身上多不了一两肉，吃亏的也少不了一两肉，犯不着计较。

记得有一次，砖瓦厂派拖拉机来村里收购各户打的草帘子，母亲将她打的两捆放上去，然后就走了，后来的一个是个混混，看到车厢已经装满，不由分说便卸下两捆，把自己的堆上去。有人跑去告诉母亲，大家都以为要有一场吵闹。谁知母亲走过去，挑了两捆帘子就走，自己送到三四里外的砖瓦厂。那时，我们兄弟已快到血气方刚的年龄了，听说这事后，愤愤不平要去理论。母亲却笑着说，他自己都不好意思呢，我回来时，远远看见他躲着我，我为了这么点事跟他吵，或者他在我面前抬不起头，都是何苦呢？

母亲这种由衷而自然的宽厚、智慧和友善赢得了全村人的尊敬，正当大家对她说你两个儿子长大了，你可以享福了的时候，母亲却病倒了。

她为了亲戚和家人，进了无数次医院，却从没有为了自己哪怕看过一次病。这次也是经历了大半年的不得劲和疼痛，才去了一次医院，谁知一诊断，竟是肝癌晚期。在生命的最后阶段，母亲还在担心我们今后的生活，对她的后事要能省则省。

如今，我也到了母亲离世的年龄。生命的长度一样了，掌握的知识、经历的事情、读到的哲理要比母亲多得多，但每次回忆起她，我都能感悟到很多。母亲没有跟我们讲什么人生道理，也没有希望我们如何如何，但她的点点滴滴透着怎么做人，做什么样的人。她用生命呵护了我们的童年和少年，并为我们存储下了丰厚的人生财富。

她是亿万农民中的一员，平凡得如同原野上的一棵小草，但她又如此伟大，让我一生都能从她那里获得感悟、智慧和力量，使我能平静而坦然地面对纷纷扰扰的人生际遇和大千世界。

愿你心中有光，不畏黑暗

作者：绒绒

我的妈妈是我的第一任人生导师，不论我的人生遇到什么难题，总能从她那里找到答案。

妈妈是一个别人口中的“苦孩子”。她三岁的时候父母离异，跟着我外公一起过着朝不保夕的生活。后来因为我外公自己无力照顾我妈，我妈常常是今天去某个亲戚家吃一顿，明天去某个邻居家住一晚。一路长到成年，到结婚生子，像极了那句“有些人，只是活着就已经用足了全部力气”。

我小的时候特别喜欢哭，考试考砸了哭，画画画不好哭，运动会的时候赛跑不如别人也会哭。每次我哭着回家，我妈不像别的妈妈那样，一把把孩子抱在怀里，先是安慰一番，然后再弄些好吃的好玩儿的，哄上一会儿也就好了。我妈该做什么做什么，比如她正做着晚饭，做好了饭菜，我的哭声也便停了。这时，她端着饭菜出来，淡淡地说一句：“去洗个手，叫你爸吃饭了。”

最开始的时候，我特别不理解妈妈，觉得她对我太过于冷漠了，对我的痛苦从来漠不关心。我暗自在心里想过，也许她就是少了亲情的呵护，才长成了内心冰冷的人。但后来我发现，我的妈妈也很喜欢哭，比如从哪儿听了一段可悲可泣的故事，或者哪怕看一集电视剧，她都能感动得哭上半天。

我印象最深的那一次是在我外公的葬礼上。在这之前，我外公病在床榻上八年，每天，我妈几乎要寸步不离地伺候外公。别人都说我外公的死对于我妈来说是个解脱。

我偷偷窥探妈妈，好像真的被他们说中了。那个葬礼上，我妈周到又妥当地安排着一切，葬礼的流程仪式、来宾的寒暄问候，她都处理得谨小慎微。多年未见的亲戚到了，还要拉着手，家长里短一番。

葬礼结束，人员散尽后，到处见不到我妈。几番找寻过后，我发现我妈竟然蹲在外公生前的房间一角小声哭泣。那声音啜啜泣泣、凄凄厉厉，虽然微小，却直直钻到我的心里。

我走过去一把抱住她，陪着她一起哭。随后，我就听见我妈妈的哭声慢慢加大，最后歇斯底里，好像要把房子穿透了。

后来，我妈还是会哭，总是因为各种各样的小事。比如我们家养的猫死了，邻居搬家，以及多年未见的朋友突然出现……

慢慢长大，我才逐渐理解她，她与别人最大的不同也许就是她从来不把艰难困苦当作一回事。或者说，在她的世界里，人生中的艰难与痛苦、彷徨与无奈本来就是不值得痛哭流涕的。

有的时候，我问她：“您的人生这么苦，您都不替自己难过吗？”我妈却总是不以为然，反戗我一句：“苦什么苦？这就是生活啊！老一辈人都是这么过来的。”

前段时间，家庭伦理大剧《都挺好》热播，每到播出的时候，我和我妈便要蹲守在电视前评论一二。

故事围绕苏家展开，讲了女主人公苏明玉和苏氏父子以及与已经去世的母亲赵美兰的恩怨纠葛。看过这部剧的人知道，女主人公苏明玉无疑是强大的、坚毅的，无论对于事业，还是对于爱情，都有她自己一套独特的逻辑。但即使如此成功，她却是本剧中最值得同情的一个人——从小不受母亲待见，父亲明知她的委屈，却坐视不理，大哥漠视她的无助，二哥欺负她的弱小，连早餐吃个鸡蛋也只有大哥和二哥的份儿。最终，苏母为大哥和二哥卖房，卖了一间又一间房，而苏明玉想考自己理想中的大学，却被母亲送到了一所可以免费就读的学校，导致苏明玉和苏家决裂。

有一次，我边看边和我妈闲聊，我说：“妈，我觉得您和苏明玉的境遇挺像的，只是没有她活得成功。”

说完，我就后悔了，赶紧找了两句好话补救。没想到我妈心宽，也不急不躁，娴熟地剥着手里的瓜子问我：“你觉得什么是成功？”

这倒把我问住了。

什么是成功呢？

难道像苏明玉一样，有一份体面的工作、一份颇高的收入就算是成功吗？

我从没这么想过，但若问我究竟哪一种生活是我想要的，我竟一时答不上来。

想到这里，我又想起两个老生常谈的小故事。两个朋友，一个读了大学，留在城市里打拼，一个高中毕业，便留在老家，早早娶妻生子。若干年后，两个老友重聚，城市中的孑然一身，终日为房贷生计所累；老家的已是有车有房，膝下已有了两个满地跑的孩子。故事的结尾是，留在城里的那一个羡慕着老家朋友生活无忧、家业有成而独自慨叹生活的无助。

这不过是这个故事作者的立意罢了。其实这个故事的结局还可以是，两个朋友互相感慨时移世易，互相鼓了气，各自回归到自己的生活中。虽然城中的背负着更大的压力，但是有更宽广的世界在等着他；老家的视野狭窄，但生活安逸、妻善子孝。

所以，成功的定义本就是个伪命题，不过是不同的人有着不同的生活方式罢了。

不是每个人都能成为人们口中的“成功人士”：每日豪宅名车、衣冠楚楚，行走于高楼广厦间，挥笔一签，便是改变人类的项目工程。大多数人的人生是平淡无奇的，就好像一棵树、一块砖、一粒沙一样，每日兢兢业业地立在那里，便是价值所在。

《头文字D》中，高桥凉介有一句话深得我心：这世上只有一种成功，就是能够用自己喜欢的方式度过自己的一生。

我妈妈，虽然她一辈子平凡普通、柴米油盐，过着平常百姓的等闲生活，但在她的世界里，从不羡慕别人拥有了什么，从不畏惧自己经历着怎样的困苦。我的妈妈，她内心有光、生活有诗、坚毅勇敢、善良慈悲，一直是我生命中的一束光，将我的未来照亮，让我在每一个孤独、黑暗的夜里，不害怕、不绝望。

我向往的人生也便会像她所说的，她永远不会期待怎样的成功，只是努力过着自己喜欢的生活，做令自己喜欢的自己。

我要逆风而行，到达最远的地方

作者：拾肆

01

1999年，一个青年追随老婆的脚步，来到上海讨生活。这个青年叫张强。

在此之前，他先后从事过职工、电工、代课老师和推销员等工作，但都没能让他的心安稳下来。

一天，张强在国年路附近转悠，他看到一个学生提了一袋子书扔到了垃圾桶里。张强凑上去瞧了瞧，发现都是好书。他脑子里一下子蹦出一个想法：旧书有市场！

于是，他决定做旧书生意，他的做法非常直接：摆地摊。

一开始，他用2元一公斤的“高价”回收了几公斤书，然后就在国年路的文学图书馆门口摆摊。那时候，好书很多，买书的人也多。

每天早上，张强用单车驮来三大蛇皮袋的书，摊还没摆好，学生们即争相抢购，晚上回去，经常只剩零星几本。

这一摆就是七八年。

02

父亲退伍时，曾带回来两大箱子的旧书，共100多册。受父亲的影响，张强和哥哥姐姐从小就酷爱读书。

七八岁时，每年春节，孩子们都会有1元左右的压岁钱，玩伴们总用来买小吃、买玩具，但是张强却喜欢跑到书摊上买小人书。

小学时，读半白话文的《三国演义》，虽不能全部看懂，但两军对垒、刀兵相接的情节让他终生难忘。初中时更着了迷，读金庸、梁羽生、古龙的武侠小说，读琼瑶、姬小台、岑凯伦的言情小说。后来没书可读，张强就偷偷溜进校长办公室，看书架上的《半月谈》。

就这样，一路走来，他与书籍结下了不解之缘。

03

时光行进到2003年，张强一边摆地摊，一边在书店打工。

当时尚是中国科技图书公司员工的张强就向老板提议，能否在大书店里开辟一个区域，买卖旧书。于是，老板便让他负责运营。

后来，旧书生意越做越好，规模不断扩大，到了2006年，书店500多平方米，全是旧书。然而随着网络的发展和普及，书籍市场开始走下坡路，2008年，书店老板想到了关门，但在张强的劝说下，保留了近80平方米的地方。2010年，老板去了澳大利亚，2015年，老板干脆把书店完全转让给了张强。

这个地方就是复旦旧书店。

旧书实体店的盈利不容乐观，于是张强便在孔夫子旧书网上开了家名叫“复旦旧书斋”的网店来贴补书店的费用。

张强认为：“书店多元经营要以书为主，尽管卖咖啡比卖书更赚钱，但如果卖书成为点缀，那就不是书店，只能算是摆上书的咖啡馆或茶馆。”

他只肯以书养书，卖书就够了。他用自己的倔强保护着属于读书人的纯粹，不沾染上世俗的烟火，不落得一地鸡毛的悲哀。

只卖书是他的坚守与气节。

这份坚持，一守就是20年。

04

时光再行进到2020年，当年复旦文图这一段百米的距离就有几十家书店，现在只剩下复旦旧书店了。

它坐落于闹市一隅，夹在网吧、菜场、旅馆中间，如果不仔细找，根本注意不到。

它跟其他书店有点不一样，没有华丽的书架，没有复杂的布局，没有精美的吊饰，也没有慵懒的灯光。这里只有书，厚实的书，满屋子的书，好像除了书，其他都是多余的。

80多平方米的空间，五六万册旧书，书架上、地上、楼梯上，堆得比人还高。

书与书之间仅留有一条限一人通过的窄道，甚至没有落脚的地方。书是随意放的，没有索引，不要问店长，因为他也不知道。

书店的标语是：为书找读者，为读者找书。这里是属于淘书人的世界。店长张强本人，从某种意义上讲，是这个书店最大的淘书客。店里的每一本书都带着一个与店长相见相识的故事。

到如今，旧书的来源有很多种。第一大来源是复旦周边一些故去的老先生的藏书，以及一些研究生、博士生不要的书和一些高校老师的藏书。另一大来源是附近的居民，有时，他们会把书送到书店，如果有好书，张强会主动给一个比较高的“惊喜”价格。还有一大来源是废品回收站，那里也会淘到很多好书。

这些书从不同的地方汇聚到一起，有的书页中还残留着前一任主人的热爱，有的遭受到了鄙书之人的丢弃，有的则背负着一代一代精神文明的传承。

它们很陈旧，有些已经泛黄，还带着书斑，却有它们独特的价值，每一本都是经过时光筛选后留下来的好书。

书就是这样，你不去看它，它就躺在那儿；一旦你开始看，就会一发不可收拾。这里就是它们最好的归宿。

在与书相识的过程中，张强也结识了一些有趣的人。

有一个读者，他是武警班的，张强摆地摊的时候认识他的。他很喜欢读书，看见心爱的书，眼睛都在发光，常常拿起一本书爱不释手。他不是很富有，大部分积蓄用来买了书。回部队的时候，书是他的第一家当。

有个复旦大学历史系的学生在寝室有藏书8000册。他每次来书店都是埋头淘书，很少说话，每次买书都是打包，一买就是二三十册。书店本来是晚上8点下班，有一次，他挑到8点15分，临走还表示非常抱歉。张强觉得，只要有喜欢书的读者，营业到凌晨他也开心。

20年的岁月匆匆即过，店长张强心里一直有一个非常坚定、非常大的梦想：他想把复旦旧书店做成杨浦区甚至是上海市的一个文化地标。

他一直将这个梦想放在心上。

他说：“我想要逆风而行，到我能到的最远的地方。”

05

作家止庵曾说：“书店，相对于一个城市，书，相对于一个人，都是一种解决孤独的方式。”而我也觉得，书店是温暖的，是一座城市的灯。

其实，只要有人的地方，总有一些不一样的灯光，从街边小屋，从一条蜿蜒在市中心的小道，慢慢地、柔柔地散出来，点亮了这座城的灵魂。

每个认真生活的人都在缓慢而坚定地做着自己能做的事情。以前的一切都很慢，就像张强爱上书，并为此开一家书店。

人的生活和内心一样，简单一点，才能热烈。

后记：只生欢喜不生愁

前年，我生了儿子后，给他取了很多名字——星河、海豚、墩墩，每个名字都藏着我对他的爱。纵使人生险恶，我也想把所有美好都给他，成长的路上，让他一直被美所关照。每天干干净净，长大以后，言语好听，处事得体。

做了妈妈后，人会柔软，宽容，豁达，会很容易把对孩子的爱，转移到万事万物身上。让一个女孩获得最大成长的，我觉得不是结婚，而是做了妈妈后的种种考验。

我亦相信我们的书友，尤其是那些在婚姻和现实中磕磕绊绊的女性朋友们，一定是和我自己灵魂相同的人。我们有着相同的思考和困境——急需明白一些问题，做出一些选择。所以，这些年我们一直以文会友，用文字探讨不同的境遇。

作为慈怀读书会的内容负责人，我一直有些压力。选择一个作家去采访，选择一个观点去传达，就是给读者的精神世界选择一个标准，这是一种潜意识的文化输入。这些文字，无形之间，其实会引导我们的生活。

所以，我严格要求自己，深知自己的功课还有许多，比如要学会自观、自律、自觉。几乎每个功课前，都带着一个字——自。因为不管世界如何改变，别人如何改变，人能做的就是先让自己定下来。

我会严格筛选合适的作者和被访人。我会做大量功课，去阅读他们的书，去了解他们的精神世界，去写下他们想传达的生活态度，最终呈现在你们的面前。这对我来说，是一种工作的需要，也是自我的要求。

我想做到，独处的时候，要像和书友们在一起一样，我们在一起的时候，我也要像独处一样。我想做到，每年都能做很多书，写很多字，和你们相遇，聊聊这一年的心得。虽然我们是读书会，但我更期待除了读书，我们会有更多联结和探讨。我甚至想矫情地表达内心深处的期待—— 一起长大，一起面对。

亲爱的书友们，女性朋友们，除了读书，我甚至期待不管你年龄几何，都去学一项技艺，不局限于钢琴、绘画、跆拳道、园艺。只要一样，学精学通就好。万物相通，学习这些，会让你了解自己，也更理解别人。我更期待，除了读书，我们可以相约一起去很多地方看看，把沿途的风景和感受记录下来，分享给更多的人，传达爱与美好。

我想，以后我们慈怀读书会将会继续出版更多收集美好、探讨好的活法的书。这本书《不慌不忙，人生慢慢来》只是一个开始，是一个火种的点燃。接下来，我们还会出版美好生活的系列书，包括日历、绘本。我更想找到合适的作者，来给大家讲述他们的故事，而我要找的人，可能就是正在读这段文字的你。

人生最难的是遇见，更难的其实是重逢。我期待遇见你，我更期待与你们不断地重逢。

最后的最后，我想回答一个女性朋友们总在问我的问题——人最好的状态是什么？

这个问题，我想了很多年，直到今天，我依然小心翼翼且笃定地写下这行答案——只生欢喜不生愁。之所以小心翼翼，是因为这个回答得来不易；之所以笃定，是因为我坚信能活成这句话的人，一定是活明白了的人。

这本书的最后，我想把这句话献给所有人。愿我们以后的人生，真的是内心有欢喜，过往有经历。不是没有经历过痛苦、悲伤，而是走过那些坎坷的路，见过那些自私且冷漠的人之后，我们仍能将所有的快乐放在心底，而那些痛苦和悲伤则化为我们前进的动力和养料。

亲爱的女性朋友们，我们高处见。

韦娜

2021年3月

图书在版编目（CIP）数据

不慌不忙，人生慢慢来 / 慈怀读书会主编 . -- 长沙：湖南文艺出版社，2021.4

ISBN 978-7-5726-0116-3

Ⅰ. ①不… Ⅱ. ①慈… Ⅲ. ①女性—成功心理—通俗读物 Ⅳ. ①B848.4-49

中国版本图书馆 CIP 数据核字（2021）第 058163 号

上架建议：畅销 · 女性励志

BUHUANG-BUMANG，RENSHENG MANMAN LAI

不慌不忙，人生慢慢来

主　　编： 慈怀读书会
出 版 人： 曾赛丰
责任编辑： 匡杨乐
监　　制： 于向勇
策划编辑： 刘洁丽
文案编辑： 王成成
营销编辑： 战婧宁
封面设计： 末末美书
版式设计： 梁秋晨
内文排版： 麦莫瑞
出　　版： 湖南文艺出版社
（长沙市雨花区东二环一段 508 号　邮编：410014）
网　　址： www.hnwy.net
印　　刷： 三河市兴博印务有限公司
经　　销： 新华书店
开　　本： 875mm × 1230mm　1/32
字　　数： 183 千字
印　　张： 8.5
版　　次： 2021 年 4 月第 1 版
印　　次： 2021 年 4 月第 1 次印刷
书　　号： ISBN 978-7-5726-0116-3
定　　价： 52.00 元

若有质量问题，请致电质量监督电话：010-59096394
团购电话：010-59320018